AF573565

1891.

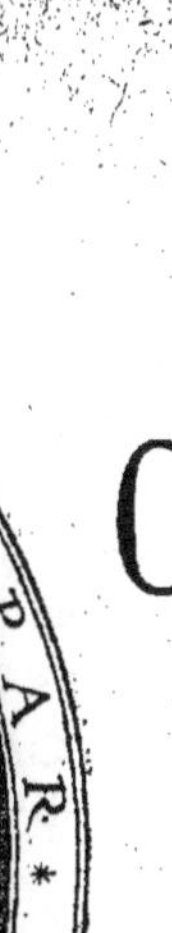

TROISIÈME

CATALOGUE

DE

GRAVURES ET LIVRES

Portraits de membres de l'Académi française.

Portraits et plaquettes, relatifs à l'aristocratie française et étrangère.

Architectes et Ingénieurs.

Arts et Métiers, Portraits d'artisans célèbres.

ronomes, Physiciens, Agronomes, Voyageurs, etc.

Augustins, Bénédictins, Capucins, Carmes. — Ballons.

Bibliothécaires, Libraires et Imprimeurs.

Costumes civils et militaires. — Art culinaire.

Danse. — Danses de mort

Dessins originaux. — Ecole française. — Modèles d'éventails. Etc., etc., etc.

EN VENTE AUX PRIX MARQUÉS CHEZ

GODEFROY MAYER

MARCHAND D'ESTAMPES

47, RUE RICHER, A PARIS

Prix de ce catalogue : 50 centimes.

Numéros suivis d'un astérisque : Livres et plaquettes.
Numéros sans astérisque : Gravures (Portraits, etc.).

Toutes les pièces décrites dans le présent catalogue sont en bon état, sauf indication contraire. Toutefois, Messieurs les amateurs pourront nous renvoyer les gravures ou livres qui ne seraient pas à leur entière satisfaction.

Tous les numéros de ce catalogue sont volontiers envoyés

EN COMMUNICATION

et il sera fait le meilleur accueil à toutes les listes de desiderata qui nous ser adressées.

Nous envoyons gratis et franco à toute personne qui nous en fera la de notre second catalogue de portraits, manuscrits et livres (Portraits et cartes à l'Amérique. — Livres entièrement gravés. — Manuscrits et autograp Portraits gravés par Cars, Drevet, Huret, Granthomme, Léon Gaultier. — E — Ordre des Jésuites, Prémontrés, Carmélites. — Portraits de Médecins.)

Nous achetons au maximum de leur valeur toutes les pièces anciennes (P cartes, vues, plans, pièces historiques) relatives à l'**Amérique.** — Por Washington, Franklin, Bougainville, Montcalm, Estaing, Rochambeau, Du Couedic, Lauzun, Kosziusko, Jones, Mauduit, Vergennes, etc. — Caric la Révolution dirigées contre La Fayette, Rochambeau, Lameth, Tonneau, etc. — Ex-libris anciens et bien gravés. — Portraits et pièces relatifs à la Russie, la Suède, la Pologne, l'Allemagne, l'Angleterre. — sur les Ballons. — Suites et ouvrages d'ornements anciens. — Ouvrages par les frères De Bry, etc., etc.

Il sera répondu à toutes les offres.

NOTICE. — *All engraving described in this Catalogue are in good condition, if not otherwise mentioned; nearly all can be sent by book-post. This Catalogue will be continued, and I shall be glad to receive names of any to whom copies would be acceptable.*

All engravings are sent on inspection and taken back if they do not satisfy.

MR. GODEFROY MAYER *begs to inform readers of his catalogues that he untertakes commissions at all auctions of books and engravings in Paris, he will be happy to have their lists of desiderata, which will receive immediate and careful attention.*

In preparation and ready next winter: A descriptive catalogue of old American portraits, maps and views including many rare and undescribed engravings; gratis and franco. My second American catalogue is also sent postfree to any to whom copies would be acceptable.

GODEFROY MAYER

MARCHAND D'ESTAMPES

47, RUE RICHER, A PARIS

ACADÉMIE FRANÇAISE

(*Portraits de membres de l'*)

(Portraits of members of the „Académie française".)

1 **Andrieux** (F. G. J. St.), de Strasbourg, 1759-1833, élu en 1795. In-4°. *Lith. de H. Garnier; de Jules Boilly.* Chaque p. à 1.50

2 **Antin** (Pierre de Pardaillan de Gondrin duc d'), évêque de Langres, élu en 1725. In-fol. *Vanloo pinx., Pierre Drevet sculp.* Beau. 12.—

3 — In-fol. Buste dir. à droite. *Portrait anonyme* 3.—

4 **Argenson** (Marc-René de Voyer de Paulmy Marquis d'), garde des sceaux, 1652-1721, élu en 1718. In-4° *Rigaud pinx., Dupin sculp.*, av. le joli cartouche d. Babel. 3.—

5 — Pet. in-fol., *Vangelisty sc.*, 1775. 2.—

6 **Argenson** (Marc-Pierre de Voyer de Paulmy d'), Min. de la guerre et Surintendant des Postes, 1696-1762, élu en 1748. In-fol. *Nattier pinx., Le Vasseur sculp.* 4.—

7 **Arnaud** (Fr,), abbé de Grand-Champ, né à Aubignan 1721-1784, élu en 1771. In-fol. *Duplessis pinx., L. Valperga sculp* S. m. 2.—

8 **Aumale** (Henri d'Orléans duc d'), élu en 1871. In-4°. Joli portrait *gravé par Staal.* Epreuve sur parchemin. 3.—

9 **Bailly** (J. Sylvain), Astronome, maire de Paris, 1736-93, élu en 1784. In-12. Joli portrait avec la devise : « Qui sert bien son pays n'a pas besoin d'ayeux ». *Gravé au bistre « Au dieu des arts ».* Rare 5.—

10 — In-8°. Buste dir. à droite. *Gravure au pointillé.* Au bas 4 vers satiriques. 4.—

11 — In-fol. «L'Astronome Bailly, en observant les astres se laisse tomber dans un puits et est tombé de Carybde en Scylla ». Curieuse caricature de la Révolution en couleurs. 5.—

12 **Balzac** (J. L. Guez de), d'Angoulème 1596-1655, élu en 1634. In-fol. *Jac. Lubin sculp.* Superbe épreuve sur papier fort; in-fol. *G. Vallet sc.* 1665. Rare. Chaque p. à 5.—

13 **Barthélémy** (J. J. abbé) de Cassis en Provence, garde du cabinet des médailles, 1716-95, élu en 1789. In-8°. *Dessiné d'ap. nat. et gr. p. St.-Aubin.* Beau. 3.—

14 — In-8°. *Engraved by Makenzie à Londres.* 1799. Rare 4.—

15 — In-12 en rond *Dessiné au Physionotrace et gr. p. Quenedey.* Superbe épreuve, très rare et un des meilleurs portraits de Barthélémy. 6.—

16 **Bautru** (Guillaume), comte de Saint-Séran, né à Angers, ambassadeur en Angleterre, Flandre et Espagne, 1588-1655, élu en 1634. In-12, *F. Picart fecit.* Excessiv. rare, inconnu au Père Lelong. 10.—

17 **Beaumont de Péréfixe** (Hardouin de), de Poitiers, évêque de Rodez, d'Agde, puis archev. de Paris 1605-70, élu en 1654. In-4°, *Paris chez Boissevin*; In-4° *N. de L'Armessin sculp.* 1665. Chaque p. à 3.—

18 — In-4° (*A. Duflos sculp.*) 4.—

19 — In-fol. Buste dans nn ovale encadré et semé d'étoiles *Robert Nanteuil sculpebat* 1665 Superbe épreuve 15.—

20 — Gr. in-fol. *C. Le Febure pinx. P. Van Schuppen sculp.* 1667 8.—

21 **Belle-Isle** (Ch. L. A. Fouquet de), de Villefranche en Rouergue, Maréchal de Fr. 1684—1761, élu en 1749. In-fol. *de la Tour pinx. Mellini sc.* 3.—

22 — In-fol. *V. Vangelisty fec.* 1775. 2.—

23 — In-8° obl. Buste dans un médaillon. *De Seve del. C. Baquoy, sculp.* Superbe et très rare épreuve avant le texte au verso. 10.—

24 **Belloy** (P. Laurent Buirette de) de St. Flour, Acteur à St.-Pétersbourg 1727—75, élu en 1771. In-4. *Des. et gr. p. C. A. Littret en* 1765. Beau 8.—

25 — Gr. in-fol. Superbe pièce allégorique, dédié au duc de Béthune-Charost; avec ses armes, et la vue de Calais *N. R. Jollain pinx. L. Lempereur sculp.* Belle épreuve 15.—

26 **Benserade** (Isaac de) de Lyons en Normandie 1612—91, élu en 1674. In-12. *Jolie lithog. p. Julien* 1.—

27 **Bernis** (Fr. J. de Pierres de), Chanoine de Brioude et de Lyon, archev. d'Alby né à St.-Marcel (Ardèche) 1716-90, élu en 1744. In-8°. Gravure presque au trait. *S. d'Agincourt sc.* 2.—

28 — In-12 *Guyard sc.* Superbe épreuve avant la lettre 3.—

29 — Pet. in-fol. *J. Simon Neyges sculp.* Manière noire. Rare. 5.—

30 In-fol. *A. Callet pinx., D. Cunego inc.* (Médaillon posé sur un lion). 6.—

31 **Bignon** (J. P.), abbé de St.-Quentin, bibliothécaire du Roi 1663-1743, élu en 1693. In-4°. *Peint p. H. Rigaud, gr. p. A. Duflos en 1709.* Beau. 5.—

32 — In-8°. *Portr. allem., gravé en 1708.* 1.—

33 — Gr. in-fol. *J. Vivien pinx., B. Audran sculp.* Superbe épr. avec l'adresse de Franc. de Grain 1703. Gr. marges. 10.—

34 — Le même portr. Epreuve avec l'adresse de Fr. Jos. Robuste, 1705. Pet. m. 4.—

35 **Boileau Despréaux** (Nic.), 1636-1711, élu en 1684. Pet. in-fol., *F. de Troy pinx., Pierre Drevet sc.* Superbe épreuve. Petites marges. 5.—

36 — In-fol. *H. Rigaud p., F. Chereau fecit.* Pet. marges. 2.—

37 — In-8°. *Hopwood sc.* 0.50

38 **Boisgelin** (J. R. de Cicé Cardinal de), de Rennes, Gr. vicaire de Pontoise, évêque de Lavaur, archev. d'Aix puis de Tours 1732-1804, élu en 1776. In-8°, comme archev. d'Aix. Portrait fort rare, *gravé en 1789.* 5.—

39* — Réunion de 9 brochures, mandements et ordonnances imprimées à Tours en 1803 et 1804 relatives au Procès Cadoudal et aux affaires écclésiastique du diocèse. In-4° reliées. 6.—

40 **Bonaparte** (Lucien), Prince de Canino 1775-1840, élu en 1803. In-8°, *gravé à Weimar vers 1830.* 1.—

41 — In-4°. Fig. entière, écrivant. *Bosco dis., Torchiano inc.* Superbe épreuve, très-rare. 6.—

42 **Bossuet** (Jac. Bénigne), de Dijon, Chanoine de Metz, évêque de Condom, puis de Meaux 1627-1704, élu en 1671. In-12. Buste sur un socle, *g. p. Mathey.* 1.—

43 — In-8°. *Aug. de St. Aubin sculp.* 1.50

44 — In-8°. *Rigaud p. Gr. p. E. Desrochers* Beau; *gr. p. L. J. Cathelin*; In-8°. *de Longueil sculp.*; In-4°. *Le Beau sc.* à 2.—

45 — In-4°. Bossuet dans sa tombe, 14 novembre 1854. *Dess. par Ch. Maillot d'après nature, E. Morin lith.* Rare; *Gr. p. Stæl* sur parchemin; *Cattini sc.* à 3.—

46 — In-fol. *Gravé p. le Chevalier Edelinck en 1701* 6.—

47 — Gr. in-fol. *Gr. p. Drevet en 1723.* Fig. entière, debout. 12.—

48 **Boufflers** (St. Chevalier de). Voyez second catalogue n° 415.

49 **Bouhier** (Jean), Président au Parlem. de Dijon 1673-1746, élu en 1727. In-fol. *Largillière pinx. Daudet, Lyonnais sculp.* 1732. Superbe épreuve avec les armes : « D'azur au bœuf d'azur » 10.—

50 **Bourzeis** (Amable de), de Volvic près Riom, abbé de St. Martin de Cores 1611-72, élu en 1634. In-4°. *St. Gantrel scul.* Superbe épreuve, rare 4.—

51 **Boyer** (François), Théatin, évêque de Mirepoix, abbé de Saint-Mansuy, élu en 1736. In-fol. Charmante pièce représentant Mgr Boyer donnant des leçons au Dauphin, son élève. Espèce de feuille volante avec texte typographique *And. Voltolin sculp.* C'est une gravure fort rare et nulle part mentionnée. 15.—

52 **Boze** (Claude Gros de), de Lyon, Garde du Cabinet des médailles 1680-1753, élu en 1715. In-fol. *A. Bouys d'Aix pinx. et sculp.* 1708 æt. 28. Superbe épr. en manière noire. 15.—

53 **Buffon** (G. L. Leclerc Comte de) de Montbard 1707-88, élu en 1753. In-12. *Bertonnier sc.*; In-8°. *Gr. p. St. Aubin d'après Sauvage* Chaque portr. à 2.—

54 — In-4°. *Sichling sculp.* à Carlsruhe. In-8°. *Grav. allem. vers* 1830. Chaque portr. à 1.—

55 — In-4°. Fig. entière, assis, entouré d'oiseaux. *Bosio dis., Zechino inc.* Excessivem. rare et peu connu en France. 5.—

56 **Bussy-Rabutin** (Comte Roger de), d'Epiry (Nivernais) 1618-93, élu en 1664. In-4°. *Le Febure pinx., R. Gaillard sculp.* Superbe épreuve avec le joli cartouche de Babel. 3.—

57 **Bussy-Rabutin** (M. C. R. de), Evêque de Luçon, élu en 1731. Gr. in fol. *Laurent Cars sculp.* 1724. Superbe épreuve mais sans marges. 12.—

58 **Cabanis** (P. J. G.), Célèbre physiologiste, élu 1795, né à Cosnac (Corrèze) 1757-1808. In-4°. Joli portr. *S. n. d. g.* 2.—

59 **Cambacérès** (J. J. Régis de), de Montpellier 1753-1824, élu en 1795. In-4°. Fig. entière, assis et écrivant. *Bosio dis., Biasioli inc.* Superbe épr. tr.-rare. 8.—

60 — « Les Jeux innocens ou le Chevalier de la triste figure ». Caricature très-rare de l'Empire représentant Cambacérès, une chandelle à la main. 8.—

61 **Caumartin** (J. F. P. de), Evêque de Blois, élu en 1694. In-4°. *Gr. p. Crépy.* 2.—

62 **Chapelain** (Jean), 1595-1674, élu en 1634. In-4°. *Paris chez Daumont.* 2.—

63 — In-8°. *Nanteuil del., Soliman sculp.* Superbe épreuve avant la lettre. 3 —

64 **Chateaubriand** (René Vicomte de), élu en 1811. In-8°. *Gravé à Weimar vers 1820.* In-4°. Fig. ent., adossé à un arbre. 1.—

65 — In-fol. *Painted by Girodet-Trison, engraved by Laugier.* Magnifique épr., publiée en 1817. 6.—

66 **Chénier** (Marie Joseph de), né à Constantinople 1764-1811, élu en 1795. In-8°. *Dessiné par C. Lefèbre, gr. p. L. Boutelou.* Superbe épreuve de ce charmant portrait. 12.—

67 **Clermont-Tonnerre** (François de), évêque de Noyon 1629-1701, élu en 1694. In-fol. *Nanteuil ad vivum faciebat* 1655. Superbe épreuve avant la lettre. 25.—

68 — In-4°. *Trouvain sculp.* 1687. Portrait rare et curieux en ce qu'il provient du cabinet du célèbre physiologue suisse Lavater qui l'a pourvu d'une annotation critique (en traduction) : « Fait pour jouir et pour une prudence placide, 28 juillet 1788 ». 15.—

69* — Brochure de l'évêque de Noyon. « Harangue du clergé de France assemblé à St. Germain faite au Roy à Trianon le 26 juillet 1795 ». 21 p. in-4° derel. Rare. 4.—

70 **Colbert** (Jac. Nic.). Archevêque de Rouen, Abbé du Bec, Prieur de la Charité-sur-Loire et d'Ambierle 1654-1707, élu en 1678. Pet. in-fol. A mi-corps. *Paris chez Habert* avec 12 lignes. 4.—

71 — In-4°. Charmant portrait anonyme avec 4 vers au bas et l'inscription : « Gloria patris est filius sapiens. » 6.—

72 — In-fol. *H. Rigaud pinxit., N. Habert sculp.* 4.—

73 — Gr. in-fol. Comme abbé du Bec. *A. Masson ad vivum pingebat et sculp.* 1670. Superbe épr., mais très petites marges. 12.—

74* — Brochure. Harangue fait au Roy à Versailles le 21 juillet 1685. Paris 1685, 10 p. in-4° derel. 2.50

75 **Colbert** (Jean Bapt.) Marquis de Seigneley, né à Reims 1619-83, élu en 1660. In-4°. *Mignard pinx., Pinsio sc.* avec le joli cartouche de Babel. 2.—

76 — In-4°. *De L'Armessin sculp.* 1680. 3.—

77 — In-4°. *Sergent del., Ridé sculp.* Superbe épreuve en couleurs. 6.—

78 In-fol. *Jacques Lubin sculp.* Belle épreuve sur papier fort. 5.—

79 — In-4°. « Colbert présente à Louis XIV le plan du canal de Languedoc ». Jolie gravure en couleur. *Gr. p. Moret d'après Sergent.* 5.—

80 — In-fol. Fondation du Jardin des Plantes et de l'observatoire. Superbe gravure avec les portraits de Louis XIV, Colbert, Huygens, Cassini etc. *Seb. Le Clerc inv. et f., Goyton exc.* 12.—

81 **Condillac** (Et. Bonot de), Abbé de Mureaux, né à Grenoble, mort à Flux près Beaugency en 1780, élu en 1768. In-12. *Gravé par Martinet en 5 jours en 1776*; In-8°. Portr. semblable *s. n. d. g.* à 2.—

82 — In-12. *Lardy sc.* 1.—

83 — In-12. *Blanchard sc.*; In-8° *Garnier fr. éd.* s. chine. Chaque port. à 0.50

84 **Condorcet** (M. J. A. N. Caritat Mis de), de Ribemont (Aisne), 1743-91, élu en 1782 In-8° *Portman sculp.*; *Aug. de St.-Aubin sc.* Chaque portr. à 2.—

85 — La Mort de Condorcet dans la prison de Bourg-la-Reine. In-4° obl. *Dess. p. Fragonard fils, gr. p. Eichler.* 2.—

86 — « La Graine de Niais ». Caricature curieuse de la Révolution, finement gravée au bistre avec les portraits de Condorcet, Brissot, du compère Mathieu (de Montmorency) et du Banquier Vanrineux. Très-rare. 10.—

87 **Conrart** (Valentin), 1603-75, élu en 1634. In-fol. A mi-corps, une plume à la main. *C. le Feure pinx., L. Cossin sculp.* Superbe épreuve, très rare. 12.—

88 **Corneille** (Pierre), de Rouen, 1606-84, élu 1647. In-4°. *E. Dupin sculp*; In-8°. *C. Lebrun pinx., Thomassin sculp.* Rare Chaque portr. à 2.—

89*— **Oeuvres. Le Theatre de P. Corneille,** revev et corrigé par l'avthevr. Imprimé à Rouen et se vend à Paris chez Thomas Jolly, 1664. 2 volumes in-fol. veau. Beau portrait et titre gravés par Vallet. Superbe exemplaire de cette célèbre édition parue vingt ans av. la mort de Corneille. 45.—

90 **Cotin** (Ch.), Chanoine de Bayeux, 1604-82, élu en 1655. In-8°. *Gr. p. Cazenave.* 2.—

91 — Le même portrait. Superbe *épreuve avant la lettre.* 3.—

92 **Crébillon** (Prosper Jolyot de), de Dijon, 1674-1762, élu en 1731. In-12. *Gr. p. Hopivow*; In-8°. *Paris, chez Menard et Desenne,* Chaque portr. à 0.50

93 — In-8°. *Méhu del., Bertonnier sc.* 1.—
94 — In-8°. *C. P. Marillier ornam. del., Ingouf junior sculp.* 1784. Beau. 5.—
95 In-4°. *Aved pinx., Balechou sc.* Superbe épreuve, le meilleur portrait de Crébillon Petites marges. 5.—
96 In-fol. *De la Tour pinx., Moitte sc.* 3.—
97 **Cuvier** (George), de Montbéliard 1769-1832, élu en 1818. In-8°. Joli portr. *gr. à Weimar vers* 1830. 1.—
98 — In-fol. *Jacques del., Lith. de C. Constans.* Beau. 2.—
99 — Pet. in-fol. Figure entière, assis, dirigé vers la droite. Beau portr. *avant toute lettre* et à l'eau forte pure. Très rare. 5.—
100 **Dacier** (André), de Castres, garde de la Bibliothèque du Roi, 1651-1722, élu en 1695. In-4°. *Ferdinand pinx., Guillard sculp.* 2.—
101 — Son épouse Anne Tanneguy Lefebvre, née à Saumur 1651-1720. In-4°. *Mêmes artistes.* Superbe épreuve. 3.—
102 **Dacier** (Baron Jos. Bon), de Valognes, Conservateur des manuscrits de la Bibl. Nat. 1642-1833, élu en 1822. In-4°. *Jolie lithogr. de Jules Boilly.* 1.50
103 **D'Alembert** (Jean Le Rond), 1717-83, élu en 1754. In-4°. *A. Pujos del.* 1774, *Dupin fils sc.* Beau ; Gr. in-4° *Dessiné par Cochin, gr. p. Cathelin.* Toutes marges, Chaque portr. à 5.—
104 — Gr. In-4°. *Lithogr. de Demarne* avec biogr. et facsimile d'autogr. 1.50
105 **Daru** (P. A. N. B. Comte), de Montpellier, 1767-1829, élu en 1806. In-4°. *Gr. p. Velyn.* Sup. épr. avant la lettre. 3.—
106 — In-4°. *Jolie lithographie de Jules Boilly.* 1820. 1.—
107 **Delavigne** (Casimir), du Havre, Bibliothécaire du Palais-Royal, 1793-1843, élu en 1825. In-4°. *A. Riffaut sculp. ; Lith. de J. Boilly,* 1825. Chaque portr. à 1.50
108 **De Sèze** (Comte Raymond), de Bordeaux, défenseur de Louis XVI, 1748-1828, élu en 1816. Gr. in-4°. *Belle lithogr. de Jules Boilly,* 1823. 1.50
109 **Destouches** (Ph. Néricault), de Tours, 1680-1754 élu en 1723. In-8°. *Dévéria del., Cazenave sculp.* Beau. 1.50
110 **Droz** (F. Jos.), de Besançon, élu en 1824. 1773-1850 In-8° *Gr. p. Jules Porreau* 1853. 1.50
111 **Dubois** (Charles), de Brive-la-Gailarde-Abbé de St.-Just, archevêque de Cambrai, 1656-1723, élu en 1722. In-24. Buste sur un socle. *Mathey sc.* 1.—
112 — In-fol. Buste d. un ovale, dir. à gauche (*Desrochers*) 3.—
113 — Gr. in-fol. *Peint par Rigaud, gravé par Drevet,* 1724. 10.—
114 **Dubos** (l'abbé J. Baptiste), de Beauvais, 1670-1742, élu en 1720. In-8°. *Gaucher del. et sculp.* Petites marges. 2.—
115 **Ducis** (J. Fr.), de Versailles, 1733-1816, élu en 1779. In-8°. *Gr. p. Corbould.* Epreuve sur chine. 1.50
116 **Dupanloup** (A. P. Félix), Evêque d'Orléans, élu en 1863. In-8° *Juliette de Bourge del., Achille Martinet sc.* 1.50
117 In-8°. *A. Chapon sc.* 0.50
118 **Du Resnel** (J. Fr. du Bellay), Abbé de Sept-Fontaines, né à Rouen, 1692-1761, élu en 1742. In-8°. *Devrits sc.* 1.50
119 **Durfort** (Em. Fél. de Duras-), Gouverneur de Besançon, Commandeur en chef de la Bretagne, 1715-89, élu en 1775. In-fol. *Gravé par Dembrun d'après Queverdo.* Superbe et très rare épreuve avant toute lettre. Excessivement rare. Un des plus beaux portraits du 18e siècle.. 45.—
120 **Du Ryer** (Pierre), 1605-58, élu en 1646. In-8°. *P. g. Cossard del C. Dupin sc.* 1.50
121 **Duval** (Alex. Pineux), de Rennes, Directeur de l'Odéon, Bibliothécaire de l'Arsenal, 1767-1842, élu en 1812 In-4°. Buste dir. à gauche dans un ovale. Superbe épr. avant toute lettre 5.—
122 **Estrées** (César d'), Abbé de St.-Germain-des-Prés, Cardinal et Evêque de Laon, 1628-1714, élu en 1658. In-4°. *Voct. pinx. Clouet sculp.* 3.—
123 — In-fol. *Nanteuil ad vivum fecit* 1660. Superbe épr. sans marges 10.—
124 — Gr. in-fol. *Et. Gantrel sculpt.* 1677. à 15.—
125 **Estrées** (Jean d'), Abbé de Vrou et de Conches, archevêque de Cambrai, élu en 1711. In-fol. *H. Rigaud pinx. J. Audran sculp.* Magnifique épreuve. 12.—
126 — Le même portrait, de moins belle qualité. 8.—
127 **Estrées** (Vict. Marie duc d'), 1660-1730, Parisien, Maréchal de Fr., élu en 1715. In-8°. *Petit port. médaillon.* 2.—
128 **Etienne** (Ch. G.), de Chamouilley, 1778-1845, élu en 1811. In-4°. Jolie *lithogr. p Jules Boilly,* 1821. 1.50
129 **Fénelon** (F. de Salignac de Lamothe), Archevêque de Cambrai, 1651-1715, élu en

1693. In-8°. *Peint par J. Vivien, gr. p. Gaucher* ; *gr. p. St.-Aubin* à 2.—

130 — In-8°. *Gr. p. L. J. Cathelin* ; In-12. *N. de Launay sc.* 1781, charmant port. à 3.—

131 — In-8°. *Paris chez Daumont*. T. M. 2.—

132 — In-fol. A mi-corps dirigé vers la droite dans un ovale. Très joli portr., *gravé par De Launay*. Superbe épr. avant la lettre 5.—

133 — Collection de 14 portraits différents, *gr. p. Gaucher, Leroux, Schotte*, etc. 2.— Voyez aussi N° 228.

134 **Ferrand** (A. F. C. comte), 1758-1825, élu en 1816. In-4°. *Lith. de Jules Boilly*. 1.50

135 **Fléchier** (Esprit), né à Pernes, près de Carpentras, Evêque de Lavaur, puis de Nimes, 1632-1710, élu en 1673. In-4°. *Rigaud pinx. Lépicié sc.* Superbe épr.; In-8°. *B. Royer sc.*, avant la lettre; In-12. *Hopwood sc.*, avant la lettre à 2.—

136 — Pet. in-fol. *Edelinck sculp.* Très belle épreuve, pet. marges. 4.—

137 — Collection de 17 portraits différents, *gr. p. A. Duflos, Lingée, Kraus, Garnier, Tardieu*, etc. Ensemble 4.50

138 **Fleury** (Claude), d'origine normande, Abbé de Loc-Dieu, Prieur d'Argenteuil, 1640-1723, élu en 1696. In-12. Buste s. un socle. *C. Mathey sc.* —.50

139 — In-8°. A mi-genoux, assis. *Macret sc.*, 2 épreuves d. une av. toutes lettres. 4.—

140 — In-8°. *D. Sornique sc.*; *Paris chez Crépy*; In-12. *Roussel p. L'Epine sc.* à 2.—

141 — Collection de 7 portraits différents, *gravés par Klauber, Pilau, Bouttats, P. Duflos, Tardieu*, etc. 2.50

142 **Fleury** (A. Hercule de), de Lodève, Chanoine de Montpellier, évêque de Fréjus. Grand-maître des postes, 1653-1743. In-8°. *H. Rigaud pinx. C. Roy sc.* 2.—

143 — In-8°. *Gardiner del. E. Harding à Londres sc.* 1801; In-4°. *Engraved by Bosse à Londres*, 1830. Epr. s. chine Chaque portr. à 1.50

144 — Pet. in-fol. *J. V. Heidegger sc.* rare. 4.—

145 In-fol. Médaillon éclairé par Diogène, au bas: « Dans Athènes jadis tu le cherchois en vain. » 5.—

146 — In-8°. Mausolée du Cardinal de Fleury, *par Lemoine, Coupeau sculp.* 2.—

147* — Deux plaquettes in-4° contenant le portrait de Fleury en forme de médailles, avec biographie en allemand. Leipzig, 1743. 2.—

148* Brochure. Ode à Mgr l'Ev. de Fréjus sur le rétablissement du Roi. 8 p. in-4° dérel. 1.50

149 **Florian** (J. P. Claris de), 1755-94, élu en 1788. In-12. *L. Villiers del. C. S. Gaucher sc.* 2.—

150 — In-8°. *Quéverdo del. Delignon sculp.* Superbe épr. de ce gracieux portr. 5.—

151 — In-8°. *T. Johannot del. Revel sculp.* 2 épr. dont une avant la lettre sur chine 3.—

152 — In-8°. *Gr. p. Dequevauviller*; *gr. p. Hopwood* à —.50

153 **Fontanes** (Louis Marquis de), de Niort, 1757-1821, élu en 1795. In-8°. *Gr. p. Gavard* —.50

154 — In-fol. *Dessiné par Sudré, Lith. de Villain* 1.50

155 **Fontenelle** (Bernard Le Bovier de), de Rouen, 1657-1757, élu en 1691. In-12. *Voiriot pinx. N. de Launay sc.* 1781. Beau. 4.—

156 — In-8°. *H. Rigaud p. M. Dossier sculp.* Très joli portrait gravé vers 1695. 5.—

157 — In-8°. *La Tour pinx. P. Dupin sculp.* 2.—

158 — In-fol. *Gravé par P. G. Langlois l'an 5*. Sup. ép. avant la lettre sur chine. 6.—

159 **François de Neufchateau** (N. L.), Magistrat à St.-Domingue, 1750-1828, élu en 1797. In-4°. *Lith. de Jules Boilly* 1820. 1.50

160 **Frayssinous** (Denis comte de), né en Guyenne, 1765-1841, élu en 1822. In-4°, obl. dans la chaire. S. *n. d. g.* 1.—

161 — In-8°. Buste dir. à droite. *Lith. de Mlle Tormentin*. Toutes marges. Sur chine. 2.—

162 — In-4°. *Hersent pinx. Aubert del. Lith. Delaunois*. 2 épr. dont une avant la lettre, rare. 2.—

163 — Collection de 6 portraits différents, *gr. ou lith. p. Tardieu, Bayalos, Garnier, Hersent*, etc. 3.—

164 **Furetière** (Ant.), Abbé de Chalivoy, Prieur de Chuines, 1620-88, élu en 1662. In-8°. *Gr. p. E. Desrochers*. 2.—

165 — In-fol. *de Seve pinx. Boulanger sculp.* 4.—

166 — In-fol. *S. Thomassin pinxit*. Pet. marges, belle épreuve. 5.—

167 **Garat** (Dom. Jos.), de Bayonne, 1749-1833, élu en 1795. In-4°. *Lith. de Jules Bully*, 1820. 1.50

168 **Godeau** (Ant.), de Dreux, évêque de Grasse et de Vence, 1605-1672, élu en 1634.

In-8°. Buste dir. à gauche, au bas les armes et 5 vers. *Petit portrait anonyme (Manière de Cossin)*; In-4°. *Gr. p. Desrochers* à 2.—

169 — In-fol. *Jac. Lubin sculp.* Belle épr. sur papier fort. 4.—

170 — In-fol. *Ardisson pinxit. N. Habert sculp.* Rare. 5.—

171 **Goibault** (Phil.), Sieur du Bois, de Poitiers, élu en 1693. In-8°. *Peint par Varri, gr. p. Pitau en 1695.* Rare 4.—

172 **Gomberville** (Marin Leroy de), 1600-74, élu en 1634. In-4°. Gr. p. Desrochers. 2.—

173 — In-4°. P. Daret fecit 1643. Superbe épreuve. Très rare. 8.—

174 **Guizot** (François),1787-1874, élu en 1836. In-4°. Très curieux portrait, dessiné par par Henry Daumier, lith. de Becquet. Au bas « Guiz... » Très rare. 3.—

175 **Harlay de Chanvallon** (François de), abbé de Jumièges, archevêque de Rouen, puis de Paris, Premier duc de St.-Cloud, élu en 1671. In-4° *Suite de Desrochers*; Pet. in-fol. Duflos sc. Belle épr. pet. m. à 2.—

176 — In-4°. *Lefebvre pinx.*, *A. Duflos sc.*; *N. de L'Armessin sc.* à 3.—

177 — In-4° obl. *L. Boulogne inv. S. Thomasin sculp.* Texte au verso. 1.—

178 Le même portrait. Superbe épreuve tirée hors texte. Très rare. 8.—

179 — In-fol. Buste dans un ovale encadré, au bas, au milieu, les armes. *Jollain incidit.* Beau portrait très rare et non cité. 10.—

180 — In-fol. *J. Lenfant sculp.* 1671. Beau. 12.—

181 Gr. in-fol. *R. Nanteuil ad vivum ping. et sculp.* 1673. Belle épreuve, mais très petites marges. 9.—

182 **Hénault** (Ch. J. Fr., dit le Président), 1685-1770, élu en 1724. In-4° *Binet del.*, *Le Beau sculp.* Superbe épreuve à toutes marges. 3.—

183 — In-4°. *Dessiné et gravé par C. A. Littret*, 1765. Superbe épreuve avant l'adresse de Bligny. 5.—

184 — Le même portrait. Belle épr. avec les mots : « Nec facundia deferet hunc, nec lucidus ordo. » 4.—

185 **Houdard de la Motte** (Ant.), 1672-1731, élu en 1710. In-12. Joli petit portrait dans la *manière de R. de Launay;* In-4°. *Gr. Dupin d'après Rane*, à 2.—

186 **Huet** (Daniel), de Caen, Abbé d'Aunay, de Fontenay, évêque de Soissons, puis d'Avranches, Jésuite, 1630-1721, élu en 1674. In-4°. *Gravé par Wolffgang à Berlin.* Très rare. 4.—

187 — Gr. in-fol. *Simon Dequoy pinx.*, *L. Moreau sculp.* « Offerebat Humillimus servus fr. Anselmus 3^{ii} ordinis S^{ti} Francisi. » Sup. épreuve, pet. marges. 10.—

188 **Jouy** (V. J. Et.), élu en 1815. Voyez second catalogue N° 485.

189 **La Bruyère** (J. de), de Dourdan, trésorier de France à Caen, 1644-96, élu en 1693. In-12. *Bovinet sc.* Epr. avant lettre; In-8° *de St.-Jean pinx. J. Folkema sculp.* 1742; In-8°. *E. Marie Lépicié sculp.*; *gr. p. E. Desrochers*; *gr. p. Leroux* 1818. Chaque portr. à 2.—

190 — In-4°. *Deveria del. Lecomte sc.* 2 épr. rare, l'une avant la lettre sur Chine, l'autre à l'eau-forte pure. 4.—

191 — In-4°. Fig. ent. debout. *Gr. p. A. Boilly.* Ep. s. chine. 1.—

192 — In-fol. *Gr. p. P. M. Alix*, en couleurs, mouillures dans les marges. 2.—

193 **La Chambre** (Martin Cureau de), du Mans, Physionomiste, 1594-1669, élu en 1635. In-fol. Buste dans un ovale dir. à gauche. Joli portrait anonyme. 4.—

194 **La Chaussée** (P. A. Nivelle de). 1692-1754, élu en 1736. In-12. *De la Tour pinx. Ingouf junior sculp.* Sup. épr. à la lettre grise. 3.—

195 **La Condamine** (Ch. M. de). Voyez catalogue américain N° 157.

196 **Lacordaire** (J. B. Henri), Dominicain, né à Récy s. Ource (Côte-d'Or), Directeur du collège de Sorèze (Tarn), 1802-61, élu en 1859. In-fol. *Peint par Chassereau en 1841, gravé à l'eau-forte par F. Monnin*; In-4°. *Lith de Bry* à 2.—

197 — In-4°. *Gustave Ch. del. Imp. Bertauts; Lithog. Challamel* à —.50

198 — Collection de 10 portraits différents in-8° et in-4°. 3.50

199 **Lacretelle aîné** (P. L.), de Metz, 1751-1824, élu en 1803. In-8°. *Gr. p. A. Tardieu.* à 1.50

200 — Même portrait avant toute lettre. 2.50

201 — In-4°. Jolie *lithogr. de Jules Boilly*, 1822. 1.50

202 **Lacretelle jeune** (Ch.), de Metz, 1766-1805, élu en 1813. In-4°. *Lith. de Boilly* 1821. 1.50

203 **Lacuée** (J. G.), comte de Cessac, né à Lamassas, près d'Agen, en 1754, élu en 1795. In-8°. *Meyer del.* Beau. 2.—

204 **La Fontaine** (Jean de), de Château-Thierry, 1621-95, élu en 1684. « Couronnement de La Fontaine par Esope aux Champs Elisées. » In-fol. obl. *Dessiné par Le Barbier ainé et gr. p. Maret et Guttenberg* 1785. Très jolie gravure, dédiée au Vicomte de Buissy avec ses armes. 15.—

205-208 **Lally-Tolendal** (Th. G. Marquis de), élu en 1816. Voyez second catalogue nos 497-502.

209 **Lamartine** (Alph. de), élu en 1829. In-4°. *Nargeot sculp.* 1.—

210 **La Mothe-Le Vayer** (Fr. de) 1588-1672, élu en 1639. In-4° *Nanteuil del., Et. Fessard sculp.*, avec le joli entourage de Babel; In4°. *Gr. p. Desrochers*, à 2.—

211 **Languet de Gergy** (J. Jos.), Evêque de Soissons, archev. de Sens, élu en 1722. In-8°. *Gr. p. Desrochers.* 2.—

212 — In-fol. *Chevallier pinx., Gaillard sculp.* 1753. Beau. 6.—

213* — 5 Brochures in-4°, publiées en 1725 et 33 et rel. à la Bulle unigenitus. 2.50

214 **Laya** (J. L.), 1761-1833, élu en 1817. In-4°. *Lith. de Jules Boilly*, 1821. 1.—

215 **Le Franc de Pompignan** (J. G. Marquis), de Montauban 1709-84, élu en 1759. In-12. Joli petit portrait *gravé par R d'Elvaux*, 1788. 3.—

216 **Lemercier** (N. L.), 1772-1840, élu en 1810. In-4°. *Lith. de Jules Boilly* 1820. 1.00

217 **Lemontey** (P. Ed.), de Lyon, 1762-1826, élu en 1810. In-4°. *Lith. de Boilly*, 1822. 1.50

218 **Levis** (G. P. M. Duc de), élu en 1816. In-4°. *Lithogr. de Jules Boilly*, 1822. Rare. 2.—

219 **L'Hermite** (Pierre Tristan de), né au Château de Souliers. 1601-55, élu en 1649. In-4° (*Gr. p. Lieutaud*). 1.50

220 — In-4°. *Du Guernier del., Daret cœlavit* 1648. Très rare. 6.—

221 **Louvois** (Camille Le Tellier de), Abbé de Bourgueil, Bibliothécaire du Roi, 1674-1718, élu en 1706. Gr. in-fol. *N. de Largillière pinx.* 1697, *J. L. Rouillet sculp.* Superbe épreuve. 12.—

222 **Luynes** (Paul d'Albert de), né à Versailles en 1703, abbé de St.-Vigor de Cérisy, près Bayeux, archevêque de Sens, élu en 1743. In-fol. *Latinville pinx. Fessard sc.* 1756. Première épreuve fort rare avant le changement des armes. 15.—

223 — Seconde épreuve aussi belle avec les armes changés. 12.—

224 **Mairan** (J. J. Dortons de), de Béziers, 1678-1771, élu en 1743. In-fol. *P. C. Ingouf maj. sc.* 4.—

225 **Malesherbes** (Ch. G. Lamoignon de), Défenseur de Louis XVI, 1721-94, élu en 1774. In-8°. *L. A. Claessens sculp.* 2.—

226 — In-8°. *Peint par R. Gravé par C. E. Gaucher.* Très beau. 5.—

227 — « La Promenade du matin » (Fénelon). « La Promenade du soir (Malesherbes). Deux superbes gravures formant pendants, impr. en couleurs et représ. des paysages avec les portraits de Fénelon et de Malesherbes. Gr. in-fol. obl. *Demarne pinx. Morret sculp.*, dédiées à Alexandre I de Russie. 25.—

228 **Maret** (Hugues), Duc de Bassano, de Dijon, 1763-1839, élu en 1803. In-8°, en ovale. *Dessiné au physionotrace et gr. p. Quenedey.* Superbe épreuve très rare, gr. vers 1810 8.—

229 — In-8°. *Lith. de Delpech.* —.50

230 — In-8°. *Gr. p. Couché fils.* 1.—

231 **Marivaux** (P. Carlet de Champlain de), 1688-1763, élu en 1743. In-8°. *Bertonnier sculp.* 1.—

232 — In-8°. *Garand del. Chenu sc.* Superbe épr. à toutes marges, rare 4.—

233 — In-fol. *Miger sculp.* 3.—

234 **Marmontel** (J. Fr.), de Bort dans le Limousin, 1723-99, élu en 1763. In-8°. *Choquet del.* 1818, *gr. p. Leroux.* 1.—

235 In-4°. *Duchesne sc.* Superbe épr. de ce beau portrait 6.—

236* — Mandement de Mgr l'archev. de Paris Christophe de Beaumont portant condamnation d'un livre qui a pour titre: « Bélisaire ». Paris 1768, 56 p., in-4°, dérel. rare. 3.—

237 **Massillon** (J. B.), de Hyères en Provence, Professeur à Vienne, abbé de Savigny, évêque de Clermont, 1663-1742, élu en 1719. In-fol Buste dans un ovale dir. à g. S. *n. d. g.* 3.—

238 — In-fol. *A. Bouys d'Aix pinx. et sc.* 1704. Superbe épreuve en manière noire, de toute beauté et très rare. 10.—

239 — Réunion de 10 portraits différents in-8°, in-4° et in-fol. 4.—

240 **Maupertuis** (P. L. Moreau de), de St-Malo. 1698-1759, élu en 1753. In-4°. *Gr. p. E. Desrochers.* 2.—

241 **Maury** (J. Siffrein Cardinal), de Vauréas, Abbé de la Frénade (Saintes), Archev. de Paris, Député de Péronne en 1789, élu en 1806. In-8°. *Deveria del., Hocquart*

sc.; In-8°. *Gr. p. A. Tardieu*. F. m. à 0.50

242 — In-8°. *Claessens sc.* 2.—

243 — In-8°. *Gr. p. Boutrois et Adam*. Epreuve avec et avant la lettre. Toutes marges. 3.—

244 — Gr. in-fol. *Peint par B. d'Agessi, g. p. Godefroy*. Tache d'humidité au bas à gauche. 2.—

245 — Réunion de 8 portraits différents. In-8° et in-4°. 3.—

246 — L'abbé Maury se réfugiant sur les toits d'une maison publique de la rue Ste-Anne. Très curieuse pièce de la Révolution. 4.—

247 — « Mr. Mirabeau prêt à partir pour Aix-la-Chapelle, coiffé du Chapeau de l'Aristocratie par son ami et collègue, l'abbé Maury ». Caricature rare et curieuse de la Révolution. In-fol. S. n. d. g. 10.—

248 — « Le vicomte de Mirabeau voulant escalader la tribune, fait soutenir l'échelle par l'abbé Maury et M. Cazalès. » Curieuse pièce in-8°. Très rare. 3.—

249 **Merlin** (de Douai, Ph. Ant.), né à Arleux. 1754-1838, élu en 1795. In-4°. *Lith. de Jules Boilly*, 1823. 1.50

250 **Mesmes** (J. Jac. de), Comte d'Avaux, Président au Parlem. de Paris, mort en 1687, élu en 1676. In-8°. *P. Landry sc.* 1662. Beau petit portrait rare avec les armes. 4.—

251 **Mesmes** (J. Ant. de), Sire de Cramayel, Comte de Brie Comte Robert. 1661-1723, élu en 1710. In-4°. *Gr. p. Desrochers*. Petites marges. 2.—

252 **Mézerai** (Franç. Eudes de), de Ry en en Normandie. 1610-83, élu en 1649. In-8°. *Paillet del., Balechou sc.* 2.—

253 **Michaud** (Joseph), d'Albens (Savoie) 1767-1839, élu en 1813. In-4°. *Lith. de Jules Boilly*. 1.—

254 **Moncrif** (Paradis de). 1687-1770, élu en 1733. In-12. *Joli portr. gr. p. Bovinet*. 2.—

255 — In-fol. *De la Tour pinx., L. J. Cathelin sc.* Beau. 3.—

256 **Mongin** (Edme), Evêque de Bazas, élu en 1708. Pet. in-fol. *Gr. p. Petit*. Belle épr., rare. 6.—

257 **Montazet** (Ant. Malvin de), né dans l'Agenois, Gr. vicaire à Soissons, évêque d'Autun, puis archev. de Lyon. 1712-88, élu en 1757. In-fol. *Peint p. Vanloo, gr. p. Duchesne*. Beau. 8.—

258 — Gr. in-fol. *Gr. p. Littret de Montigny*. 12.—

259 **Montesquieu** (Ch. de Secondat Baron de), né à la Brède, 1689-1755, élu en 1728. In-8° *Aug. de St.-Aubin del. et sc.*; In-8° *Gr. p. G. Benoist* à 2.—

260 — In-8°. *Dess. et gr. p. De Villiers*. Beau. 4.—

261 — In-8°. *Dévéra del., H. C. Müller sc.* Collection de 4 épreuves : 1° à l'eau-forte pure, non terminée ; 2° avant la lettre, s. chine ; 3° avant la lettre, s. chine, avec l'adresse de Chardon ; 4° avec la lettre. Superbes épreuves. 6.—

262 In-4°. Médaillon sur un socle. *J. de Seve del.* 1766, *Littret sc.* 1767. Charmante composition. 8.—

263 — In-4° *C. P. Marillier del., Voyez Maj. sc.* Un des plus beaux portraits de Montesquieu. 8.—

264 **Montesquiou-Fezensac** (F. M. Ant. de), né au Château de Marsan (Gers) abbé de Beaulieu près Langres. 1757-1832, élu en 1784. In-8°. *Claessens sc.* 2.—

265 — In-8°. *Dessiné par Guérin, gr. p. Fiesinger*. Très beau et rare. 4.—

266 **Montmor** (H. L. Habert de), mort en 1679, élu en 1635. In-4°. *Phil. de Champagne pinx., N. Bonnart sc.* Superbe épr., rare. 8.—

267 — Gr. in-fol. *N. Pitau sc.* Quelques légères taches. 3.—

268 **Montreuil** (Jean de), élu en 1649. In-8°. Gravé pour la 1re fois d'après un dessin du cabinet de M. de Monmerque. 1.50

269 **Morellet** (André), de Lyon. 1727-1819, élu en 1785. In-4°. *Massol sc.* Superbe épr. à toutes marges. 3.—

270 — In-4°. *Lith. de Jules Boilly*. 1820. 1.50

271 **Musset** (Alfred de). 1810-57. In-4° *A. Lardelle pinx., Pollet sc.* 1854 ; In-4°. *Dess. p. Bida, gr. p. Metzmacher*. 1858. Chaque portr. à 3.—

272 **Nivernois** (L. d. Barbou Mazarini-Mancini Duc de), Ambassadeur à Berlin et à Londres 1716-98, élu en 1743. In-4°. *Vigié pinx., Hubert sc.* Superbe épr. de ce beau portrait. Avant le numéro. 10.—

273 **Olivet** (Jos. Th., abbé d'), de Salins, d'abord Jésuite 1682-1768. In-8°. *Portr. anonyme* gr. vers 1750, s. marges. 1.—

274 — In-fol., à l'âge de 43 ans. *Restout del., Le Vasseur sc.* Beau. 3.—

275-76 **Parny** (Ed. Chevalier de), élu en 1803. Voyez second catalogue Nos 572-73.

277 **Parseval-Gandmaison** (Fr. A.), 1759-1844, élu en 1811. In-4°. *Gr. p. Jules Boilly* 1822. 1.—

278 **Pastoret** (Cl. Em. Marquis de), de Marseille, Chancelier de France, 1756-1840, élu en 1820. Pet. in-fol. *Notté pinx. Me Notté sc.* vers 1790. Beau portrait très rare. 10.—

279 — In-4°. *Le Campion sc.* Rare, mais en mauvais état. 2.—

280 — In-4°. *Lith. de Boilly* 1820. 1.50

281 — Caricature très curieuse et très rare de la Révolution, finement gravée en bistre vers 1792 représentant Pastoret en compagnie de Charrier de la Roche, Charles Lameth, Barnave, Mulot, l'abbé Fauchet, Brissot, etc. arrachant des assignats à Camus dont ce dernier est tout couvert. C'est une des plus rares pièces de ce genre. 18.—

282 **Pélisson** (Paul), de Béziers, avocat à Castres, 1627-93, élu en 1653. In-8°. *Jules Perreau sc.* 1849. Beau. 1.50

283 **Perrault** (Ch.), 1628-1703, élu en 1671. In-8°. *Tortebat pinx P. Duflos sc.* 2.—

284 — In-8°. Buste dans un ovale encadré, entouré de scènes des « Contes des fées. » Très joli portrait. Toutes marges. 4.—

285 — In-fol. *Edelinck sc.* 1694. Superbe épr. sur papier fort. 4.—

286 **Picard** (L. B.), 1769-1828, élu en 1807. In-4°. *Boilly pinx.* 1822, *J. A. Allais sc.* Toutes marges. 2.—

287 — Le même portrait. Superbe épr. à toutes marges, avant la lettre. 4.—

288 **Polignac** (Melch. Cardinal de), né au Puy en Vélay, Abbé de Corbie, Bonport, Prieur de la Vonte, Montdidier, Archev. d'Auch, 1661-1741, élu en 1704. In-8°. Au trait *Landon sc.* 0.50

289 — In-8°. *Rigaud pinx. P. Dupin scul.; gr. p. Desrochers.* Chaque portr. à 2.—

290 — In-8°. *Gr. p. J. Daullé,* rare ; In-4°. *N. Jos. Voyer sc.* Chaque portr. à 3.—

291 — Pet. in-fol. *Paris chez Gautrot.* Très belle épreuve. 5.—

292 — Pet. in-fol. *J. C. Kolb excud.* avec une feuille de texte biographique 3.—

293 Gr. in-fol. *Gr. p. F. Chereau.* L'épr. a été pliée en divers endroits 2.—

294 **Portalis** (J. E. Fr.), de Beausset (Var), 1745-1807, élu en 1803. In-8°. *Pigeot sc.* 2.—

295 **Quélen** (Hyac. L. de), Gr. vicaire de St.-Brieuc, archev. de Paris, 1778-1839, élu en 1824. In-4°. A mi-genoux assis, au bas les armes. Jolie *lithographie publiée à Paris chez Cabuche* 2.—

296 — In-4°. *Tassaert pinx. Renard sculpit.* (vers 1821). Premier état. A l'eau-forte pure, la tête non terminée, très rare. 8.—

297 — Second état. Superbe épreuve avant toute lettre. Toutes marges. Très rare. 8.—

298 — Troisième état. Epreuve terminée avec la lettre. Toutes marges. 5.—

299 — Gr. in-4o. *Dessiné et gr. p. Canu.* Superbe épr. à toutes marges. 5.—

300 — Collection très importante de 25 portraits différents de Mgr de Quelen, *gr. ou lith. par Alexandre, de Fayol, Montant d'Oléron, Delpech, Froment, Bullet, Castille,* etc. Cette collection, provenant du cabinet de M. le chanoine Eglée, constitue avec les précédents à peu près toute la collection de portraits gravés de Mgr de Quelen. Il serait impossible de réunir aujourd'hui une collection aussi importante. 25.—

301 **Quinault** (Philippe), 1635-88, élu en 1670. In-4o. *D. Sornique sculp.* Superbe épr. avec le joli cartouche de Babel. 2.—

302 — In-fol. *Edelinck sc.* Très belle épr. sur papier fort. 4.—

303 **Racan** (Honorat de Bueil, Marquis de), né en Touraine. 1589-1670, élu en 1634. In-8o. *Gr. p. Desrochers.* 2.—

304 **Racine** (Jean), né à La Ferté-Milon. 1639-1699, élu en 1172. In-fol. *Edelinck sc.* Superbe épr. sur papier fort. 4.—

305 **Raynouard** (F. J. M.), de Brignoles (Var). 1761-1836, élu en 1807. In-4o. *Lith. de Jules Boilly,* 1821. 1.50

306 **Renaudot** (Eusèbe). 1646-1720, élu en 1689. Gr. in-fol. *J. Ranc pinx., F. Chereau sc.* Au fond la vue de l'Institut. Jolie épr., petites marges. 6.—

307 **Richelieu** (L. F. Armand du Plessis, duc de), gouv. du Languedoc, 1696-1788, élu en 1720. In-4o. *Colin sc.* 1.50

308 **Richelieu** (Arm. Ern. du Plessis duc de), gouverneur d'Odessa, Fondateur d'un hospice à Bordeaux. 1766-1822, élu en 1816. In-8o, jeune. Buste dir. à g. (*Mariage sc.*) Très rare épr. av. la lettre. 10.—

309 **Rœderer** (P. L. comte de), de Metz. 1754-1835, élu en 1795. In-8o. *Dess. p. Guérin, gr. p. Fiesinger.* Sup. épr. 3.—

310 **Roger** (Fr.), né en 1776 à Langres, élu en 1817. In-4o. *Lith. de Boilly.* 1.50

311 **Rohan** (Armand Gaston de), évêque de Strasbourg, 1674-1749, élu en 1704. In-8o. *Gr. p. E. Desrochers.* 2.—

312 — Petit in-fol. *Jouvenet junior pinx.*, *N. Habert sc.* Petites marges, rare. 4.—

313 — Petit in-fol. *J. C. Kolb exc.* 3.—

314 — Gr. in-fol. *H. Rigaud pinx.*, *L. Cars fil. sc.* L'épr. a été pliée au milieu. 6.—

315 **Rohan** (Prince Arm. Gaston de), cardinal de Soubise, évêque de Strasbourg 1717-1756, élu en 1741. Gr. in-fol. *Gr. p. Basan.* Rare. 15.—

316 **Rohan-Guéméné** (L. R. Ed. Prince de), Ambass. à Vienne, évêque de Strasbourg, député de Haguenau en 1789, abbé de la Chaise-Dieu et de St.-Wast. 1734-1802, élu en 1761. In-4o. *C. N. Cochin del.*, 1765, *C. P. Campion de Tersan sculp.* Très rare (comme Prince Louis). 6.—

317 — In-4o. Gravure au bistre pour les portraits de l'Affaire du collier. Belle épr s. marges. 2.—

318 — In-4o. *Gravé par Devère.* Très joli portrait, superbe épr.; pet. in-fol. *Gr. p. Voyez le Jeune.* Belle épr., petites marges. Chaque portr. à 5.—

319 **Rothelin** (Ch. d'Orléans abbé de). 1691-1744, élu en 1738. In-8o. *Gr. p. E. Desrochers; gr. p. Tardieu d'après Coypel.* Chaque portr. à 2.—

320 **Sacy** (S. de), élu en 1854. Pet. in-fol. *Amaury Duval del.*, *Léopold Flameng sc.* Superbe épr. s. chine. 3.—

321 **Saint-Marc Girardin**, élu en 1844. In-4o. Belle lithogr., *p. Aubert.* 1.—

322 **Saint-Pierre** (Ch. J. Castel de), né au ch. de St.-Pierre près de Harfleur, abbé de Tiron. 1658-1743, élu en 1691 In-8o. *H. Avril, sculp.*; In-8o. Buste de face, (*Gr. p. Lieutaud*). Belle épr. avant la la lettre à 2.—

323 **Scudéry** (George de), du Hâvre, Garde du Fort de Notre-Dame-de-la-Garde 1601-67, élu en 1649. In-8o. *Gr. p. Botrois.* 1.—

324 — In-fol. *Robert Nanteuil ad vivum faciebat.* Superbe épreuve. 15.—

325 **Segrais** (J. Regnauld de), Caen 1624-1701, élu en 1672. In-4o. *Mathey sculp.* avec le joli cartouche de Babel. 2.—

326 — In-4o. *A. B. Flamen pinx.*, *J. Boulanger fecit.* Rare. 4.—

327 **Seguier** (Pierre), chancelier de France. 1588-1672, élu en 1635. In-4o. *A. Mellan sc.* Av. le beau cartouche de Babel. 2.—

328 — In-fol. *A. Mellan del et sculp.* 1639. Beau et rare. 10.—

329 **Ségur** (L. Ph. comte de). Voyez catalogue II, les numéros 601-605.

330 **Sicard** (R. Ambr.), de Fousseret, près de Toulouse, directeur de l'école des sourds-muets à Bordeaux, puis à Paris 1742-1822. In-12. En rond. *Dess. et gr. p. Roy* au physionotrace. Beau. 5.—

331 — In-12. En rond, *gr. au physionotrace p. Quenedey.* Superbe épr. avant toute lettre. 5.—

332 In-12. *Dess. et gr. p. Roy en couleurs.* en 1803. 4.—

333 — In-8o. *Fremy del. et sculp.* Au trait; *Reveil sc.* à 0.50

334 — In-8o. *Bonneville sculp.*; In-4o. *Lith. Jules Boilly* à 1.50

335 — In-4o. *Dess. p. Jauffret, gr. p. C. E. Gaucher* an VIII; In-4o. *Le Cerf pinx.*, *Massard père sculp.* Superbe épr., t. m. à 3.—

336 — In-fol. obl. « Pie VII visitant l'Institution des sourds et muets de l'abbé Sicard, le 23 février 1805 ». *Marlé del. et sculp.* Superbe épreuve d'une pièce rare. 6.—

337 **Sieyes** (Em. Jos.), de Fréjus. Gr. vic. de Chartres 1748-1836, élu en 1795. In-12. Buste dir. à g. d. un médaillon. Petit portr. rare et finement gravé; in-8o. *L. A. Claessens sc.* à 2.—

338 In-8o. *Dess. p Guérin, gr. p. Fiesinger.* Toutes marges. 3 —

339 **Sillery** (Fabio Brulart de), né en Touraine, évêque d'Avranches, puis de Soissons, 1655-1744, élu en 1705. Pet. in-fol. *N. Bonnard sc.* 5.—

340 — Gr. in-fol. *H. Rigaud pinx.*, *Edelinck sc.* Superbe épr., mais s. marges. 6.—

341* — Discours prononcez dans l'Ac. fr. le 18 aoust 1721, à la réception de Mgr l'évêque de Soissons. Paris, 1721. 2.—

342 **Saumet** (A. L. A.), de Castelnaudary 1786-1845. In-4o. *Lith. de Jules Boilly.* 1.50

343 **Suard** (J. B. A.), de Besançon 1734-1817. In-4o. *Lith. de Jules Boilly.* 1.50

344 **Tallemant des Réaux** (François), de La Rochelle. Abbé de Valchrétien, Prieur de Ste-Irénée à Lyon 1620-93, élu en 1651. In-fol. *Nanteuil del., Steph. Picart sc.* Belle et rare épreuve avant l'inscription sur la tablette. 6.—

345 **Tallemant** (Paul), Prieur d'Ambérie et de St.-Albin. 1642-1712, élu en 1666. In-fol. *Coypel fil. pinx.*, *Edelinck sc.* Superbe épr. Pet. marges. 10.—

346 **Target** (G. J. B.) 1733-1806, élu en 1795. In-8o. *Claessens sc.*; In-4o. *Pujos del., Vinsac sc.* Petite tache d'humidité dans la marge en haut. Chaque portr. à 2.—

347 **Thiers** (A.), de Saint-Germain. 1797-1877, élu en 1833. In-8o. Gr. en Allemagne vers 1835. 1.—

348 — In-4o. Assis *Pauquet del. Florenza sc.* 1841. Superbe épr. de ce beau portr.; In-4o. Gr. p. Staal, s. parchemin, à 2.—

349 **Tressan** (Louis-Elisabeth de la Vergne, Comte de), du Mans, mort à Fraconville. 1705-82, élu en 1780. In-8o. *A. Borel del. A. de Launay sc.* Superbe épreuve de ce charmant portrait. 5.—

350 — In-8o. Buste, dir. à gauche. *Paris chez Menard.* 1.50

350 bis — Le même portrait. Superbe épr. avant la lettre, sur chine. 4.—

351 **Vigny** (Alfred comte de), de Loches. 1797-1863, élu en 1845. In-8o. *Gigoux, del., lith. de Frey,* rare; In-4o. *Lith. d'Emile Lasalle de Bordeaux,* à 2.—

352 **Villars** (Louis-Hector duc de), Prince de Martigwes, Vicomte de Melun, gouverneur de Fribourg, de Metz, Toul et Verdun, de Provence, Marseille, Arles, ambassad. à Baden. 1651-1734, élu en 1724. In-4o. *H. Rigaud pinx. Le Beau sc.* Sup. ép. avant le numéro. 3.—

353 — In-4o. *G. F. Schmidt sc.* Belle ép. avec le joli cartouche de Babel. 2.—

354 — Pet. in-fol. Portr. anonyme gr. en Allemagne. 2.—

355 — Pet. in-fol. *Sergent del. L. Roger sc.* Magnifique épr. en couleurs. 6.—

356 — Attaque des retranchements établis devant Denain. Petit in-fol. *Sergent del., Le Cœur sc.* En couleurs. 4.—

357 **Villemain** (A.-Fr.), né en 1792, élu en 1821. In-4°. *Lith. de Jules Boilly*, 1822. 1.50

358 **Voisenon** (A. H. Fusée de), né près de Melun, Abbé du Jard, ministre plénipotentiaire de l'évêque de Spire 1708-75, élu en 1762. In-8o, *Lachaussée sculp.*; In-8o, *dessiné p. Cochin, gr. p. Dupin.* Joli portr. Chaque portr. à 2.—

359 **Voiture** (Vincent), d'Amiens, 1598-1648, élu en 1634. In-fol. *J. Lubin fec.* Sup. épr. sur papier fort 4.—

360 **Volney** (C. Fr. Comte de). Voyez second catalogue nos 630-33.

361 **Voltaire** (Fr. M. Arouet de), 1694-1778, élu en 1747. In-8o. Ficquet sc. 1762; épreuve moderne; in-8o gr. p. Bertonnier, à 0,50

362 — In-8o. *Peint p. de la Tour, gr. p. Geullard en* 1736; in-4o, Fig. ent., assis. *Bosio dis., Sasso inc.* Rare à 2.—

363 — In-fol. *Peint par Garnerey, gr. p. Alix,* impr. en couleurs. Les marges sont coupées à 2 ctm. de l'ovale (Epreuve p. être encadrée) 3.—

364 In-fol. obl. Pièce allégorique « Il ôte aux Nations le bandeau de l'Erreur — A mon ami qui veut faire ériger dans son jardin un monument à Voltaire ». *Belanger Arch. inv., Gauthier sc.* Superbe pièce impr. au bistre. Très rare 10.—

365 — In-4o. obl. « Le Déjeuné de Ferney » Charmante pièce *dessinée par De Non en* 1775, *gr. p. Née et Masquelier.* On y voit le tableau : « La malheureuse famille Calas ». 8.—

Afrique. Voyez second catalogue.

366 **Agasse** (Isidore). Officier Parisien. Pet. in-fol. *Banzil del., Phelippeaux sc.* Superbe épr. impr. en couleurs. 10.—

Agronomes. Voyez Astronomes.

AIGUILLON (Maison d')

367 **Aiguillon** (A. Dés. Vignerod Duplessis Richelieu duc de), Parisien. Dép. d'Agen en 1789, mort à Hambourg en 1800. In-8o. *Gr. p. Claessens*; In-8o. *Buste dir. à g.* Chaque portr. à 2.—

368 — In-12. Pet. portr. fort bien gravé. Buste dir. à g. Au bas 2 lignes. 2 épr. dont une, très rare, avant la lettre. 5.—

369 — In-24. Très joli tout petit portrait en rond (Diamètre : 34 m/m) gr. avec la plus gr. finesse. Fort rare. 6.—

370 — **Caricatures de la Révolution.** In-4o obl. « J'use tout mon savon et ne puis vous blanchir ». Le duc d'Aiguillon lavant Mirabeau. Pièce rare, gr. au bistre. 15.—

371 — In-8o. Le duc d'Aiguillon à deux faces. Pièce ronde au bistre. 6.—

373 — In-4o obl. « Les couches de M. Target. » Le duc d'Aiguillon, Théroigne de Méricourt et l'abbé Fauchet tiennent un enfant sur les fonts baptismaux. Pièce finement gravée et fort rare. 20.—

373* — Procez bvrlesqve entre Mr le Prince et Madame la Dvchesse d'Esgvillon. Paris, 1649, 36 p. in-4o., dérel. Pièce rare en vers. 5.—

374* — Discours funèbre pour Madame la Duchesse d'Aiguillon, prononcé à Paris dans la chapelle des Missions étraugères par M. de Brisacier, le 13 May 1675. Paris 1675. Vignette gr. s. le titre et d. le texte. In-4o. Dérel. 6.—
(La Duchesse d'Aiguillon fonda l'hospice de Québec.)

375 **Alarcon** (Hernando de). Général espagnol, prit prisonnier le Roi François Ier à Pavie. 1466-1540. In-fol. *B.Busquez lo grabo.* 5.—

376 **Alba** (Ferd. Alvarez de Tolède duc d') 1508-84. In-fol. *P. A. Gunst sc.*; In-8o. *P. de Jode sc.* Chaque portr. à 1.50

Albani (Maison noble d'). Voyez n° 1040 du second catalogue.

377 **Alberoni** (Jules), secrétaire du duc de Vendôme, puis cardinal. 1664-1752, vécut un an chez les Jésuites à Rome. In-4o. Gr. p. Dupuis; Rubeis; Desrochers; Kolb. Chaque portr. à 1.50

378* **Alciat** (André). Les Emblèmes. Réunion de 4 éditions en exemplaires incomplets qui peuvent servir à compléter. Paris, 1536, 1539, 1542. 4 vol. in-12 cart. et vél. Fig. s. bois. 3.—

379 **Alençon** (René Duc d'). 1474-92, enfermé par Louis XI dans une cage de fer. In-4o. *Robert del., Pinssio sc.* 2.—

380* **Alfieri** (Vittorio). Il Misogallo, prose e rime. Londra 1799, front dem. rel. n. r. Edition originale très rare. 3.50

381 — Portr. d'Alfieri. In-4o. *Bosio dis., Sasso inc.; Raffaelle Morghen sc.* à 2.—

382 — In-fol. Monument funèbre d'Alfieri et de la comtesse de Stolberg-Albany. *A. Canova inv., F. X. F. fec.* 2.—

Algérie. Voyez premier et second catalogues.

383* **Aligre.** Discours d'estat à Monseignevr d'Haligre, garde des sceaux. S. l. 1624. — Les offres de Monsieur le Chancelier par vn sien amy, 1624. Ensemble 3 pièces pet. in-8o. dérel. Rares. 5.—

384 — Portr. d'Et. Fr. d'Aligre. Parisien. Président du Parlem., mort à Brunswick. 1727-98. In-4o. Paris chez Bligny. 5.—

385 **Almanachs.** *La Victoire remportée svr les Impériaux* à la bataille donnée près de Spire et la prise de la ville de Landav par le Maréchal de Tallard en 1703. — La prise de la ville de Brisac. — La prise des vaisseaux holland. par le Mis de Cœtlogon, la prise du fort de Kehl par le Maréchal de Villard. Almanach pour l'an de grâce 1704. Impérial folio, *gr. p. N. Bonnart.* Superbe almanach très-rare, au milieu la vue de Spire avec le beau portrait équestre de Tallard. Sup. épr. 70. —

386 **The Oxford Almanack** for the year of our Lord God 1728 being Bissextile or Leap Year. Gr. in fol. *G. Vertue sculp.* Très-rare. A very curious and scarce pièce with the view of the University ant the names of the Officiers, founders, visitors ant wardens. 10.—

387 **Almanach pour l'année 1731.** Allmanach auf das gnadenreiche Jahr 1731. *Augspurg zu finden bey Romanus Heyb.* Très-joli almanach, in-fol. avec la vue d'Augsbourg et la scène de la Confession d'Augsbourg dans un beau cartouche rocaille. 6.—

388 **Almanach de Constance pour l'année 1787.** Hochfürstlicher Konstanzischer Stifts-Kalender auf das Gemein-Jahr 1787. Almanach immense 1 m. 60 de hauteur sur 80 ctm. de largeur, avec le portr. de l'évêque Christophe, les vues du Lac de Constance et 41 blasons des seigneurs et villes. C'est probablement la plus grande pièce de ce genre, *elle est gravée par les frères Klauber.* 15. —

389 **Almanach de Bâle pour l'année 1771.** Calender auf das Jahr 1771. Almanach immense avec le portr. de l'Evêque de Bâle, Nic. de Froberg, la vue de Porrentruy et les armes des évêques et seigneurs de Bâle. (Wangen, Roggenbach, Rink von Baldenstein, Eberbach, Andlau, Rotberg etc. etc.) *G. p. les frères Klauber.* 18.—

390 **Almanach de Gotha** pour l'année 1792. In-16. Cart. orig. figures et costumes de mode. Rare. 12.—

391 **Almanach National de France,** l'an dixième (1802), Paris. In-8°. Veau. 1.50

392 **Petit Almanach de poche** pour l'année 1796. (En allem.). Bâle chez Bolli. In-32. Petit Alm. curieux avec 7 gravures en rouge représentant « la Flûte enchantée » de Mozart. 2.50

393* **Althann.** Lettre de M. le Cardinal d'Althann, Ministre à la Cour de Rome à M. le Card. de Bissy Paris, 1722. Lettre de l'Empereur au Card. d'Althann 1721. Ensemble 2 pièces in-4°, dérel. 3.—

394 — Portr. de M. Fr. Cardinal d'Althann, évêque de Waitzen 1682-1732. In-8°. *Kilian sc.* 1.50

395 — In-fol. *Kolb sc.* 2 —

396 In-fol. Même portrait avec notice biographique. 3.—

397 **Altieri** (Laurent, Palutius, Louis, J.-Bapt. Cardinaux d'). 4 jolis portraits, *g. p. Kolb, Clouvet, Francioni*. In-4°, en 1698, 1690, 1724 et 1845. Ensemble. 4.—

398 **Amelot** (Ant. Fr. d'), Parisien, Ministre de Louis XVI, mort en 1795. In-4°. *Aug. de St-Aubin sc.* 1781. Superbe épr. de ce beau portr. 10.—

399* **Amérique.** Histoire des troubles de l'Amérique anglaise, par François Soulès. Paris 1789. 4 vol. in-8°, br. n. r. (A fine copy with the maps, one of them with a little view of the Falls of Niagara). 12.—

NOTICE : Write for my two special catalogues of old and scarce American portraits, maps and views. Gratis and postfree.

Nous avons publié deux catalogues spéciaux de portraits et de vues relatifs à l'Amérique qui seront envoyés gratis et franco sur demande. Nous achetons toujours au maximum de leur valeur toutes les pièces iconographiques relatives au Canada et aux Etats-Unis d'Amérique.

400* **Anagramme.** Le Congé dv Cardinal Mazarin avec vne anagramme svr son nom et surnom. S. c. 1649. 4 p. in-4o. Très-rare. 2.50

Voyez aussi n° 468 et n° 743 et Catalogue II, n° 910.

401* **Ancre (Maréchal d').** « *Les François av Roy* svr le Libera nos domine ». S. l. 1616. Plaquette rare en vers dits par Messrs de Condé, Bouillon, du Maine, Sully, La Tremouille, Tingry, Rohan, etc. 4 p. petit in-8o. dérel. 4.—

402* — **Le Salve Regina** du Colonel d'Ornano, Modene et autres adressé à la Reyne Mère. 8 p. petit in-8o. dérel. 2.50

403* — **Deux plaquettes** sur la mort du Maréchal d'Ancre 1617, 1626. Propos dorez svr l'avthorité tyrannique de Cocino). 3.—

404* — **L'Entrée et la Réception** qvi a esté faite au Mareschal d'Ancre aux Enfers auec le Pourparler de Rauaillac auec luy. Paris 1617. 15 p. pet. in-8o. dérel. 3.—

Pamphlet satyrique publié dans le genre des Entrées de cette époque.

405* — **Le Covp d'Estat** présenté av Roy à Fontainebleau. Paris, chez Joseph Gerreau 1617. Pet. in-8o. 12 p. dérel. 2.—

Andlaw (Maison noble d'). Voyez n° 389.

406 **Anhalt** (Fr. H. Eug. Comte d'), général Saxon, né en 1705. In-8o. *Mansfeld sc.* 2.—

407* **Anjou (Philippe Duc d')**, Roi d'Espagne. Réunion de 4 brochures publ. à Leipzig en 1737, en allem. cont. la desc. de div. médailles, relatives à Philippe V. 2.—

408 — **Portrait du Duc d'Anjou** à Cheval. In-fol. Superbe pièce allégorique. *Dess. par Teodoro Ardemano, gr. p. le Chevalier Edelinck*. 5.—

409 — Collection de 7 gravures, in-4o. obl. tirées en rouge, *gr. p. P. Schenck* à Amsterd. et représente l'avènement de Philippe V. 4.—

410 — In-4o. Jeune, à l'âge de 4 ans. Charmant portr., *gr.* p. *Larmessin*. 8.—

411 — In-4o. *Simonneau fecit*. Charmant portr. avec le joli cartouche de Babel 2 —

412 —«Castille reformée p. Charles Royaume» Très-curieuse et rare caricature relative aux aspirations du Duc d'Anjou. Avec les portr. de Charles III, Louis XIV, Léopold, du Duc d'Anjou, du Prince de Galles, Portocarero etc. Gr. en Hollande. In-fol. 4.—

413 **Anne d'Autriche.** (Réunion de 5 plaquettes sur le mariage de Louis XIII avec), en 1615 « Reiovyssance de la France ». — « Remonstrances faictes par l'Ambassadeur de la Grande-Bretagne » etc. Pet. in-8o. dérel. Ensemble. 3.50

Antin (Maison noble d'). Voyez n° 2.

414* **Architectura militaris** p. Johannis Teyler. S. l. n. d. Veau. Fil. tr. d. Titre gr. et nombr. planches. 2.—

Portraits d'Architectes et d'Ingénieurs.

(Portraits of architects and engineers).

415 **Belidor** (Bernard Forest de), Ingén. Prof. à l'Ecole de La Fère 1697-1761. In-fol. *Vigée p. Maleuvre sc.* T. m. 3.—

416 — In-fol. *Gr. p. J.-G. Will en 1750*. Sup. épr. 10.—

417 **Contant d'Ivry** (Pierre), Archit. du Roi, né à Ivry s. S. en 1698. In-fol. *Houel del. Vangelisty sc.* Très-rare. 15.—

418 **Cotte** (Rob. de), Parisien, acheva la chapelle de Versailles. 1657-1735. Gr. in-fol. *Tortebat p. Trouvain sc.* Magn. épr. 10.—

419 **Fourcroy de Ramecourt** (Ch. R.), Parisien, Dir. des Fortif. De l'Ac. des Sciences. 1715-91. In-4o. *Janin del. Lith. de Langlumé*. 2.—

420 **Herrera** (Juan de), Archit. constr. l'Escurial, mort en 1597. In-fol. *J. Mæa p. Brandi sc.* Superbe épr. à t. m. 4.—

421 **Fontana** (Dom), Archit. 1543-1607. In-4o. *Paris chez Odieuvre*. 1.50

422 **Mallet**, Ingén. des Ponts et Ch. Archit. In-fol. Fig. ent. debout. *Ingres fec. Romæ, gr. p. Boucheron*. Portr. fort rare (vendu 18 fr. à la vente Soleil). 8.—

423 **Mansart** (Fr.), Parisien, constr. le Val de Grâce, 1598-1666. In-fol. *Namur p. Edelinck sc.* Belle épr. s. papier fort 4.—

424 — In-8o. *Desrocher exc.* 2 —

425 **Mansard** (Jules Hard.), Parisien, constr. Marly, Trianon, Clagny, Versailles, St. Cyr etc. mort à Marly en 1708. In-4o. Joli portr., *gr. p. Normand fils*, avec texte descr. 2.—

426. — In-fol. avec François et la vue des château et places qu'ils ont construits. *Marillier del., Ponce sc.* 3.—

427 **Meissonnier** (Just. Aurèle), Célèbre architecte à Paris 1693-1750. In-fol. *J. A. Meissonnier ad vivum del., N. D. de Beauvais sc.* Superbe épr. de ce beau et rare portr. 30.—

428 **Percier** (Ch.), Parisien, 1764-1838. Gr. prix de Rome. *P. p. Blondel, gr. p. Pauquet.* Epr. s. chine. 1.50

429 **Perrault** (Claude), Parisien, constr. la Colonnade du Louvre et l'Observ. 1613-88. In-fol. *Vercelin p., Edelinck sc.* Superbe épr. s. papier fort. 5.—

430 — In-8o. *Desrochers fec.* 2.—

431 **Perronet** (J. R.), Ingén., né à Suresnes, constr. 13 ponts dont celui de Neuilly 1708-94. Pet. in-fol. *G. C. Despréez del. et sc.* Rare. 5.—

432 — In-fol. Joli portr. *Gr. p. Normand* avec notice biogr. 1.50

433 **Servandoni** (J. J.), Constr. la façade de St.-Sulpice. 1695-1766. In-fol. *Miger sc.* Beau. 3.—

434 **Thomas du Morey** (J. J.), Ingén. du Roi et des Etats de Bourgogne. In-4o. Buste à dr. S. n. d. g. Portr. rare du 18e siècle, mais s. m. 3.—

435 **Turpin de Crissé** (Lancelot, Comte de), né en 1710, Célèbre Ingénieur. Petit portr. *gr. en. Allemagne vers* 1770. 2.—

436 **Vauban** (Séb. Leprestre de), Ingén. Maréch. de Fr. 1633-1707. In-4o. *Dupuis sc.* Beau. 2.—

437 **Vignole** (J. Barozzio dit). In-4o. *Bouchardon inv., Le Bas sc.* 1.50

---

438 **Argouges de Ranes** (Jérome d'), Seign. de Fleury, Parisien. Lieut. civ. de la Prêv. de Paris en 1710. In-4o. *Petit sc.* avec le joli cartouche de Babel. 2.50

439 — In-4o. Autre portr. *d'après Largillière*, les armes au bas. 3.—

440* **Arioste.** Orlando fvrioso di Lodovico Ariosto tutto ricorretto et di nvove figure adornato. Venetia, Valgrisi 1566. In-8o. dem.-rel. 20.—

Edit. fort rare contenant les gr. planches si curieuses de Dosso Dossi, pleines de détails charmants et même des cartes géographiques des lieux où se passa le poème de l'Arioste. On y remarque des cartes et des vues Provençales, puis des plans et des vues(?) de Paris etc. Le titre est doublé et un petit morceau de la 163e f. est enlevé.

441 **Arjuson** (M. d'), Joli et une rare portr. en rond. *G. p. Quenedey* vers 1785. In-12 8.—

442 **Armagnac** (Mlle d'), Dame d'honneur de la Reine. In-fol. Debout, en robe de chambre. *Gr. p. A. Trouvain* vers 1680. 5.—

443 **Arnim** (Marie Tugendreich v. Below, née d'), æt. XXXVII 1658-95. In-fol. *Blesendorff sc.* Rare. 5.—

444 — **J. Casp. Lavater, Felix Hess et H. Fuessli bey Spalting zu Barth im Jahr 1763.** Imp. folio obl. Gravure fort rare avec les portr. des personnages cités ci-devant et celui du jeune H. v. Arnim auf Suckow. *Grau in grau gemalt v. H. Fuessli* 1763. 22.—

445 **Attems.** Les fêtes données à Graz pendant la présence de Léopold II. 3 gr. pièces, *gr. p. Fluerer d'après Stœcklin.* On y trouve cités les noms des Comtes d'Attems, Schrottenbach, Wurmbrandt, Stubenberg, etc. 6. —

446 **Arenberg** (Louis Eug. Duc d'), d'Arschot et de Croy, Prince de Porcian et de Rebecque, Comte de Lalaing, né en 1750. In-fol. *Dess. p. Quertenmont, gr. p. Sallieth* 1788. Rare. 5.—

447 **Argaignerat** (d'), Chambellan de l'Empereur. In-8o. En rond. *Dess. et gr. p. Quenedey.* 6.—

ARTS ET MÉTIERS

(Art and trade.)

448 **Certificat de travail** délivré à un ouvrier-arquebusier à Lindau, le 24 février 1773. Gr. in-fol. obl. Belle pièce avec la vue de la ville et le cachet de la Zunft (corporation). 4.—

449 **Certificat de travail** avec une belle vue de Pesth. Gr. in-fol. obl. (vers 1800). 4.—

350 **Certificat de travail** de la corporation des maçons et charpentiers à Peterwardein vers 1800. Très belle pièce avec costumes, vues et blasons. 5.—

451 **Cartes d'adressee.** « **Claude Bertier,** Marchand Parfumeur de Messieurs de la Cité Royale de Besançon, fait et vend le bon Tabac grené, purgé, et toutes sortes d'Odeurs. » Très curieuse adresse gr. s. bois avec le portrait de Cl. Bertier et les armes de Besançon. 10.—

452 — « **Au singe vert.** Vaugeois, Marchand, rue des Arcis, vend tabatières d'or, étuis d'or, navettes... » Belle carte d'adresse, gravée vers 1750. Gr. in-4o. 8.—

453 — « **A la bonne foi.** Rue Saint-Antoine no 102, à Paris. Frémy, confiseur, distillateur, tient magasin de Boetes à dragées. » Belle adresse ronde *gr. p. Bigant v.* 1790. Rare. 12.—

454 — « **Lacroix,** rue du Faub. Saint-Denis no 38. Imprimeur, graveur en taille-douce. » 3.—

455 — «**Marel,** Md d'estampes, tient un assortiment de toutes sortes de gravures. » Petite pièce rare. 2.—

456 — « **Papier lucidonique** connu depuis des années, composé par Madame Cosseron. » Très jolie adresse gr. in-4o avec le modèle du dit papier (vers 1790). 8.—

457 — **Adresse de J. Casp. Wirz,** fabricant de Pompes à feu à Zurich, avec le modèle d'une pompe. In-4o obl. 3.—

458 **Collection de 14 modèles de caligraphie** (Titre et l'alphabet) publ. à Nuremberg vers 1760 et représ. dans les lettres des artisans à leur travail (Cordonnier, Peintre, Potier, Coiffeur, arracheur de dents, Maréchal ferrant, etc.) C'est une suite très curieuse pour l'hist. du travail. 10.—

459 **Le Colporteur genevois.** « Par Permission des Nobles, Magnifiques et très honorés Seigneurs Syndics on trouve chez l'Orgueil, Libraire du Conseil et de la République les articles suivans... » Jolie pièce finement coloriée avec texte typogr. Très rare. 6.—

460 « Chi vol il torbantin per mascherarsi. » Le charlatan venu de Bude à Rome le 2 septembre 1686 pour vendre des turbans. Pièce curieuse et de la plus grande rareté gr. p. Mitelli. Petit in-fol. Le charlatan debout sur une planche offre des turbans à l'occasion du carnaval de Rome. 10.—

461 **Le charlatan allemand.** Marchd de drogues. Gravure du XVIIIe siècle dessinée par Bertaux en 1776, gr. p. Helman de Lille en 1777. Pet. marges et remontée. L'épr. est prête à être encadrée. 6.—

462 **Autre gravure représ. un charlatan au XVIIIe siècle.** Messiou et Dames, dans ste petit Bouteil je lo guari doune fluxion de poitrine... » Eau-forte rare gr. p. Foulquer. In-4o obl. 3.—

463 **Les Cries de Göttingen.** « Dei in Göttingen herüm schriende Lühe oder der Göttingische Ausruff, zu finden bey Georg Daniel Heumann in Nürnberg. » Belle suite de 28 pièces, bien gravées vers 1750, représentant tous les marchands et artisans qui exercent leur métier publiquement dans les rues de Gœtingue avec leurs cris. Repasseur de ciseaux, Marchand de chaises, Marchand d'estampes, Bonnetier, Vitrier, l'Huisser vendant de tout, etc. 20.—

464 **La Marchande d'allumettes** et d'amadou. — La March. de petits pains de Nanterre. Suite de 2 belles gravures in-fol. gr. d'après Maignan jeune vers 1790. Très rare. 10.—

465 **Suite de 19 curieuses planches** représentant la vie et les mœurs à La Trappe. Gr. in-4o. Paris chez Mondhare. Cette collection est intéressante en ce qu'elle représente les métiers qui sont exercés dans ce couvent : « Lessive de la Trappe — Cuisine de la Trappe — La Boulangerie — Menuiserie — Jardinage — Vendange, etc. La première planche représ. le portrait de Dom Arn. Le Bonthelier de Rancé, abbé de la Trappe. 18.—

466 **La Tonne de Heidelberg.** Gravure ancienne vers 1680. In-fol. obl. Rare. 3.—

PORTRAITS D'ARTISANS CÉLÈBRES

des 16e, 17e et 18e siècles.

(*Bijoutiers, Calligraphes, Maitres d'escrime, Jardiniers, Tailleurs, Horlogers, Luthiers, Cuisiniers, Parfumeurs, etc.*

Portraits of celebrated handicraftsmen (Goldsmiths, Calligraphers, Fencing-masters, Gardeners, Tailors, Watch-makers, Instrument-makers, Cooks, Scent-men, etc.).

467 **Ballin** (Claude), Parisien, célèbre Orfèvre, Directeur du Balancier pour les Médailles. 1615-78. In-fol. Jac. Lubin sc. Sup. épr. s. papier fort. 4.—

468 **Barbe d'or** (Louis), Parisien, mort en 1670. Ecrivain-juré, célèbre calligraphe, créateur de la Ronde. In-fol. Anno domini 1650. J. Boulanger del. et sculp. avec un anagramme de J. Sausoy. Portrait de la plus grande rareté, inconnu à M. C. de Breban dans sa monographie de graveurs Troyens. 15.—

469 **Beaugrand** (Jean de), né à Paris en 1552, Calligraphe des Biblioth. Royales. In-4o. âgé de 33 ans, 1595. *P. Dumoustier pinx. Thomas de Leu fec.* Très-belle épr. 18.—

470 **Beaulieu** (J. Allais de), Célèbre Calligraphe à Paris. In-8o. âgé de 40 ans. *Gr. p. Claude Mellan.* Très-rare. 5.—

Beaumarchais (Caron de), Auteur et célèbre Horloger. Voyez Cat. I, no 12—15.

471 **Blegny** (Et. de), Parisien, Juré expert, écrivain pour la vérification des écritures, mort en 1700. In-8o. *Gr. p. Voligny.* Sup. ép. avant le nom du grav. Très-rare. 5.—

472 **Bohemer.** Le célèbre bijoutier de la Reine. (Affaire du Collier). In-4o. Portrait au bistre s. n. d. gr. S. m. 4.—

473 **Boulay** (Benoît), Maître tailleur à Paris. Auteur d'un livre. « Le Tailleur sincère. » In-8o. *J. Frosne faciebat.* Très-joli portrait avec les vers : « L'homme qvi vit en espérance pevt travailler en confiance, en Dieu, Benoist Boulay a mis sa confiance.» 4.—

474 **Boyceau** (Jac), Sieur de la Barauderie. Célèbre Jardinier à Paris. In-fol. *A. de Vries. pinx., gr. Huret fec.* Superbe épr. 10.—

475 **Carême** (M. A.), Parisien, célèbre cuisinier. 1784-1833. In-8o. *Frémy del., Fontaine sc.* 2.—

— Même portrait avant la lettre. 3.—

476 **Charton** (Louis), Manufacturier d'étoffes, électeur et membre de la Commune de Paris en 1789. In-8o. *P. Violet aqua forti.* Portr. rare avec 4 vers par Mr. Guedon de Berchère. (S. L.) 4.—

477 **Cotte** (Jules Fr. de), Parisien, Intend. du Commerce en 1775. In-fol. Beau portr. en rouge s. n. d. g. Très-rare, mais coupé à l'ovale. 5.—

478 **Dinglinger** (Melchior), Célèbre Bijoutier et Peintre sur émail. In-4o. A. Pesne pinx. G. F. Schmidt fec. 1769. Magnifique épreuve où l'on voit encore les lignes qui ont servi à tracer l'inscription. Très-rare. 12.—

479 **Dobitsch** (Georg), Bijoutier à Vienne (Autr.). Philanthrope, Fondateur de la caisse des veuves. In-fol. A mi-genoux, assis. *Kininger del., Pfeiffer sc.* Magnifique et très-rare épreuve avant toutes lettres. (Peut-être unique.) 12.—

480 **Fenizer** (Johann), Messerschmied (Coutelier), à Nuremberg. 1568-1629. In-8o. S. n. d. gr. (*Paul Furst?*). 2.—

481 **Hans von Zürich.** Goltschmidt (Bijoutier). Hans Holbein 1532. *Wenzel Hollar fec.* 1647. Magnifique épreuve excessivement rare. 20.—

482 **Hanns** (Frau Margaretha), Gwandschneiderin (Couturière), à Nuremberg. In-8o. Joli petit portr. très-rare. 4.—

483 **La Quintinye** (Jean de), né à Poitiers en 1626. Directeur des Jardins du Roi. In-fol. *De la Mare Richart pinx. Edelinck sculp.* 3.—

484 **Lencker** (Aigentliche Bildnuss H. Johann), W. Burgers Vnnd Goldschmids in Nürenberg. Bijoutier à Nuremberg. Pet. in-fol. *Lucas Kilian sculp. Anno* 1616. Rare 5.—

485 **Le Romain** (Jacques). Maistre à écrire du temps de Henri III. In-8o. *Gravure sur bois* contemporaine, très-rare. 8.—

486 **Le Roy** (Julien), Horloger du Roi, Ancien Directeur de la Société des Arts. Né à Tours en 1686, mort à Paris en 1759. In-fol. *Perronneau pinx., Moitte sculp.* Rare. 8.—

487 **Müller** (Henri), Bijoutier à Nuremberg, æt. 47 anno 1615. Pet. in-fol. avec son petit fils, âgé de huit ans. Père et fils sont morts le même jour. Pièce très-rare, *gr. p. Peter von Isselburg.* Magnifique épr. avant le nom du grav. 10.—

488 **Negelein** (Hanns), Federschmücker in Nürnberg. 1572-1641. In-4o. *M. Herr pinx J. F. Leonart fec.* 1669. Beau et rare. 4.—

489 **Pomet** (Pierre), Parisien. Parfumeur, épicier et chimiste à Paris, mort en 1699. In-fol. à l'âge de 35 ans. *A. Le Clerc le Jeune fecit.* Très rare. 10.—

490 **Roupert** (Louis), Maître Orfèvre à Metz. Charmant portr. in-4o. obl. devant une table, chargée d'instruments et de pièces d'orfèvrerie. *P. Robert p.* 1868. *L. Cossin fec.* Très-rare. 12.—

491 **Sambix** (Félix de), Célèbre Calligraphe et Pédagogue à Anvers, âgé de 66 ans en 1619 In-fol. *M. de Mierevelt p. W. J. Delff sculp.* Superbe épr. très-rare. Pet. marges. 8.—

492 **Schaitberger** (Joseph), Pauvre mineur protestant à Salzbourg, expulsé à cause de sa religion, né en 1658. In-fol. Fig. entière, debout. *P. Decker at vivum del.* 1722. *Martin Engelbrecht sculp.* avec notice biogr. 5.—

493 **Schlegel** (J.), Luthier à Bâle. In-fol. *Max Neustuck inv. et fecit.* Eau forte et excessivement rare, gravé vers 1780. 6.—

494 **Trumeau** (H. A.), Epicier, né à Paris. Empoisonneur, décapité le 2 germinal an 11. In-8o. *Gr. p. Bonneville.* 1.50

495 **Vaucher,** horloger, et **Loque,** bijoutier. (Affaire du Collier). In-4o. Deux portr. sur une pl. gr. au bistre. S. m. 4.—

496 **Vogler** (G. Jos. l'abbé), de Wurzbourg. Directeur de la Chapelle Palatine à Mannheim, puis à Darmstadt. Inventeur de l'Orchestrion 1749-1814. In-fol. *F. V. Durmer sc.* Assis et jouant de la guitare. Superbe épr. de ce beau et rare portr. Toutes marges. 10.—

497 **Vernisson** (André), Sieur de Lyancour. Célèbre Maître d'escrime. In-4o. *M. Monet pinx. J. Langlois sc.* 1868. Rare. 8.—
Voyez aussi no 963, 1032.

---

498 **Assas** (Nic. Chev. d'), né au Vigan, mort héroïquement à Klostercamp en 1760. In-4o. *Dupin sc.* Superbe épr. à toutes marges et avant le numéro. 8.—

499 **Mort du Chevalier d'Assas,** le 15 oct. 1769 à Clostercamp. In-fol. obl. *Paris chez Castrigne.* 5.—
Voyez aussi no 938.

500* **Assassinat de Henri III.** Lettres patentes contenant la déclaration du Roy et arrêt de la cour du Parlem. de Tours, impr. chez James Metayer 1591. 4 p. in-4o. De toute rareté. 4.—

501 **Assignats.** Assignat de 400 livres. 1792. Très-jolie pièce dess. p. Gatteaux et gravée par Tardieu avec une charm. vign. 3.—

502 **Assignat** de 50 livres, par les mêmes artistes. 1.—

503 **Assignat** de 25 livres, avec beau portr. de Louis XVI 1792. Rare. 2.—

504 **Assignat** de 10 livres 1792. —.50

505 **Assignat** de 15 sols. —.50
Voyez aussi no 281.

506* **Astronomie. Qvadrans Apiani** astronomicos et jam recens inventvs et nvnc primvm editvs. Excvsvm Ingolstadii in officina Apiani die VI Julii An 1532. In-fol. Cartonné, non rogné. Nombr. fig. s. bois. Superbe ex. de ce traité célèbre, l'édit. originale. 12.—

507 **La Sphère automatique,** travaillé par Thrasius par les soins de M. Adrien Vroesen et suivant les calculs de Nic. Stampiœn; elle fut donnée à l'usage du public par la Veuve de Sébastien Schepers à Rotterdam. In-fol. Curieuse feuille volante, publiée à Leyde vers 1630. 10.—

508 — **Lever et coucher du Soleil,** tous les jours de l'année à l'élévation de Paris. A Paris chez Nic. de Fer. Deux curieuses pièces in-fol. obl. avec des figures allégoriques (vers 1690). 5.—

509 — **Tableau météorologique** pour l'année 1806. En allemand. In-fol. obl. 2.—

PORTRAITS

d'Astronomes, Mathématiciens, Physiciens, Botanistes, Chimistes, Voyageurs, Naturalistes, Géographes, Minéralogistes, Agronomes, etc.

Portraits of Astronomers, Mathematicians, Botanists, Chemists, Voyagers, Naturalists, Geographers, Mineralogists and other scientific men. A very fine collection including many scarce portraits.

510 **Aldrovande** (Ulysse), Naturaliste et voyag. 1527-1605. In-12. Pet. portr. en rouge 1.50

511 **Algarotti** (Fr. Comte), Physic., ami du Gr. Frédéric 1712-64. In-4o. Assis. *Bosio dis., Sasso inc.* 4.—

512 **Agnesi** (Gaetana), Mathématicienne 1718-98. In-4o. Assise devant un globe. *Bosio dis., Sasso inc.* Rare 4.—

Amiot (le P. M.), Jésuite et Mathémat. Voyez cat. II, no 365.

Bailly, Astronome. Voyez no 9.

513 **Barbié du Bocage** (Mich. Ant.), Parisien, Géogr. 1760-1825. In-8o. *Geille sc.* 1.50

514 **Baudrand** (Mich. Ant.), Parisien, Savant Géogr. Prieur de Rouvres et de Neuf-Marché 1633-1700. In-fol. *Crespy sc.* 1699 *d'après Vignon.* 5.—

515 **Beckh** (A. G.), Naturaliste 1726-74. In-fol. *Ihle pinx.* 1767, *v. Bischoff sc.* Beau. 4.—

516 **Belon** (P.), né d. le Maine. Natural. et voyag., assassiné au Bois de Boulogne en 1564. In-12. Portr. en rouge. 1.50

517 **Bernouilli** (Jean), Prof. de Mathém. à Bâle 1654-1705. In-4o. *Ficquet sc.* 2.—

518 **Bertrand** (Jos. Fr.), Physic. et Méd. à Paris. In-4o. *Cossard pinx. Benoit sc.* Rare 3.—

519 **Bode** (J. El.), Astronome, né à Hambourg, 1747-1826. In-8o. Charmant portr. *Gr. p. Malvieux* 1791. 3.—

520 **Born** (Ign. Baron de), Minéralog., Direct. des mines à Prague, 1742-91. In-8o. *Adam sc.* 1782. T. m. 3.—

521 **Bouillaud** (Ismaël), Astron. et Mathém., né à Loudun, mort dans l'abbaye de St. Victor à Paris, 1605-94. In-fol. *P. van Schuppen sc.* 1697. 4.—

522 **Brémontier** (Nic. Th.), Natural. Phys. et Agronome ; il couvrit les Landes de forêts de sapins. Mort à Paris en 1809. In-8o. *E. Conquy sc.* 1.50

523 — **Même portrait.** Superbe épr. avant la lettre, s. chine. 3.—

524 **Brindley,** Ingén. anglais, auteur du canal de Worseley à Manchester. In-4o. *Gr. p. Cook d'après Parsons.* Avant l. l. 3.—

Buache (Ph.), Géogr. Voyez cat. II, no 421.

Buffon, Natural. Voyez no 53.

Cabanis, Physiologue. Voyez no 58.

525 **Cagliostro** (Jos. Balsamo), de Palerme, célèbre Charlatan, vécut à Paris et à Strasbourg, mort en 1795. In-4o. *Dess. p. Guérin, gr. p. Duhamel.* Sup. épr. à t. m. 6.—

526 — In-4o. debout. *Bosio dis., Sasso inc.* Rare. 6.—

527 **Camper** (Pierre), Natural., physiol. et médecin, 1722-89. In-4o. *Roger fec.* 2.—

528 — In-4o. *Vinkeles sc.* 1778. 3.—

529 — Pet. in-fol. *Pujos del.* 1777, *Vinsac sculp.* Superbe épr. de ce beau portr. 5.—

530 **Chacon** (P.), de Tolède, Mathém. et Prêtre, un des Rédacteurs du Calendrier Grégorien, 1527-81. In-fol. A mi-corps. *Jos. Maea lo dibuxo, S. Brieva lo grabo.* Sup. épreuve. 6.—

531 **Chirac** (Pierre), Méd. à Montpellier, Sur-Intend. du Jardin des Plantes et des Eaux minérales du Royaume, mort à Marly en 1732. In-12. *J. B. de Poilly sc.* Petit portr. Très-rare. 5.-

532 **Clairaut** (Al. Cl.), géomètre, Parisien, compagnon de Maupertuis en Laponie. 1713-65. In-4o. *Watelet sc.* Joli portr. 5.—

Clavius (Ch.), Jésuite, un des rédacteurs du Calendrier Grégorien. Voyez Cat. II, no 931.

Collin (Rich.), Géogr. et Cosmog. Voyez cat. II, no 437.

Cook (Jac.), Navigateur. Voyez cat. I, no 56, et cat. II, no 438.

Cuvier, Natural. Voyez no 97.

D'Alembert. Voyez no 103.

533 **Darcet** (J.), né à Douazit (Landes), Chimiste, Direct. de la manufacture de Sèvres. 1725-1801. In-16 en rond. *Gr. p. Chrétien* au physionotrace. Tr. r. 8.—

534 **Daubenton** (L. J. M.), né à Montbard, Zoologue. In-4o. *Sauvage p., Aug. de St.-Aubin sc.* Rare. 3.—

535 **Desallier d'Argenville** (Ant. de), des Soc. de Londres, La Rochelle et Montpellier. Naturaliste. In-fol. *Gr. p. Vangelisty, d'après Rigaud.* 3.—

536 **Dolomieu** (Déodat de), Géologue dauphinois. 1750-1801. In-4o. *Aug. de Saint-Aubin sc.* 1803. Magnif. épr. à t. m. 5.—

Dominis (M. A. de), Jésuite, archev. de Spalato, expliqua le premier l'arc-en-ciel. Voyez cat. II, no 947.

537 **Duhamel du Monceau** (Henri L.), Parisien, Sgr. de Vrigny, Inspect. général de la marine. Célèbre agronome à Monceau (Gatinais). 1700-82. Gr. in-fol. *P. p. Drouais, gr. p. P. C. Moitte.* Superbe épr. 15.—

538 **Ehrberg** (A. G.), Chimiste à Upsala. In-8o. *Roos del., Berndes sc.* Rare. 3.—

539 **Engel** (Samuel), Agronome et astronome à Berne. 1702 84. In-fol. act. 74. Beau portr. s. n. d. gr. (*Manière de Chodowiecky*). T. m. 6.—

540 **Félice** (Fortuné de), né à Rome en 1723. Mathématicien à Naples. In-4o. Dans sa bibl. Portr. très rare *s. n. d. g.* avec 4 vers en français d. s. fils Charles. 10.—

541 **Ferguson** (James), Electricien 1710-76. In-8o. *S. n. d. g.* avec des instruments d'électricité. 3.—

Franklin (Benjamin), Physicien, Agronome, Inventeur du paratonnerre. Voyez cat. I, nos 101-111, et cat. II, no 469.

542 **Galilée** (Galileo), célèbre astronome. 1564-1642. In-fol. A mi-genoux, lisant. *Paris chez Tessari.* Beau. 5.—

543 **Gilibert** (J. C.) Botaniste et Médec., né en 1741. In-8o. *Gravé par Wexelberg.* Rare. 4.—

544 **Herschel** (Guill.), Astronome, né à Hanovre. 1738-1822. In-fol. *Muller fec.* Beau. 4.—

545 **Hettlinger,** de la manufacture de Sèvres, chimiste. In-8o. *Peint par Pithou le Jeune, gr. p. N. Thomas en* 1785. Superbe épr. avant la lettre. T. m. Tr. r. 10.—

Houfnaglius (G.) Cosmographe. Voyez catalogue II, no 477.

Humboldt (Alex. de), Natural. et Voyageur. Voyez cat. I, nos 137-38.

546 **Jacquier** (Fr.), Mathémat. et Relig. Minime, né à Vitry-le-François en 1711. In-4o. *Gr. p. J. G. Scotin l'ainé.* Rare. 3.—

Juan y Santalicia (Dom G.) Mathémat. compagnon de La Condamine. Voyez cat. II, no 486.

547 **Jussieu** (Bern. de), de Lyon. Direct. du Jardin des Plantes. 1699-1777. Pet. in-fol. A mi-corps, une fleur à la main. *S n. d. g.* Superbe épr. avant toutes lettres et à toutes marges. 6.—

548 **Jussieu** (Ant. L. de), de Lyon, Botaniste. In-12. En rond. Charmant et rare portr. *gr. au physionotr. p. Quenedey.* 8.—

549 **Kratzer** (Nic.), Astronome d'Henry VIII d'Angleterre 1528. In-fol. Peint par Hans Holbein en 1528. (*Gr. p. Dequevauviller.*) Magnifique épr. avant toutes lettres, un chef-d'œuvre de l'art de la gravure. 12.—

550 **Lacépède** (Et. de Laville comte de), Naturaliste, né en 1716 à Agen, mort en 1825 à Paris. In-12. *A. Boilly sc.* Superbe épr. avant l. l. 3.—

551 — In-8o. *L. Pauquet sc.* Magnifique épr. avant l. l. et à t. m. 5.—

La Condamine (Ch. M. de), Parisien, voyageur. Voyez cat. I, no 157.

552 **La Lande** (J. J. Le Français de), Astronome, né à Bourg en Bresse. 1732-1807. In-4o. *F. Bonneville del. et sc.* Toutes marges. 2.—

553 — In-4o. *A. Puyos del., Dupin sc.* Superbe épr. avant le numéro. 5.—

Lamanon (R. P.) Provençal, Naturaliste, compagnon de La Pérouse. Voyez catalogue II, no 503.

554 **La Métherie** (J. Claude de), Physicien, né à Clayette près de Macon en 1743, mort à Paris en 1817. In-8o. Assis. *P. p. Notté, gr. p. Beljambe en 1795.* Epr. rare avant l. l. 5.—

555 **Lasteyrie** (Ch. comte de), de Brives (Corrèze). Agronome, gendre de La Fayette, introd. la lithogr. en France. In-4o. *M. R. del., Lith. de Just.* Rare. 3.—

556 — In-8o. *Ary Scheffer p., N. H. Jacob lith.* 1.—

557 **Latreille** (P. A.), de Brives. Naturaliste, prof. au Museum de Paris, 1762-1833. In-4o. *Dess. et gr. p. Bertonnier* 1831. 3.—

558 **Lavoisier** (A. L.), Parisien. Chimiste, exécuté en 1794. In-4o. Fig. ent., assis. *Bosio dis., Conte inc.* Belle épr. Très rare. 5.—

559 **Le Francq van Berkhey** (Jean). Médecin et naturaliste, né à Leyde en 1729. In-4o. *Houbraken sc.* 1771. 3.—

560 **Linden** (P. L. van der), Naturaliste belge. Buste pris après sa mort. In-4o. *Lithogr. rare.* 2.—

561 **Linné** (Charles de), Botaniste suédois, 1707-78. In-4o. *Roslin p., Cathelin sculp.* Sup. épr. 4.—

562 — In-4o. En ovale. Buste dir. à dr. Magnifique épr. avant t. l. (18e siècle). 10.—

Linois (Ch. A. L., Amiral). Navigateur, de Brest. Voyez cat. II, no 523.

Linschoten (J. H. à). Navigateur. Voyez cat. I, no 205-6.

563 **Marcarelle** (J. Fr. de), Baron d'Escale, de l'Académie de Toulouse, Physicien. Pet. in-fol. *Bourgoin del., Lempereur sc.* 8.—

Maillet (Bénoit de), de St.-Mihiel. Explorateur de l'Orient. Voyez cat. II, no 527.

Mairan (Dortons de), Chimiste. Voyez no 215.

Magelhaens (F. de), Navigateur. Voyez cat. II, no 526.

Mandelsloh (J. A. von), Navigateur. Voyez cat. I, no 224.

564 **Mersenne** (Marin), Relig. Minime, né à Oyse au Maine, célèbre Mathém., inventeur de la Cicloïde, mort à Paris en 1648. In-8o. *Gr. p. Dupin; Desrochers.* Chaque portr. à 2.—

565 — In-fol. *E. Duflos sc.* 3.—

Milet de Mureau (L. M. A.), de Toulouse, rédact. du Voyage de La Pérouse. Voyez cat. II, no 542.

566 **Moivre** (Abraham de), Mathém., né en 1667 à Vitry en Champagne, mort à Londres en 1754. In-fol. *Jos. Highmore pinx.* 1736, *J. Faber fec.* Manière noire. Sup. épr. mais s. m. Rare. 6.—

567 **Montanarius** (G.), de Mutina, Astron. à Padoue. In-4o, un télescope à la main. *M. Desbois sc.* 2.—

568 **Morel de Vindé** (Ch. G. vicomte de), Parisien, célèbre agronome à la Celle St.-Cloud près de Marly. In-12. En rond. Petit portr. rare *gr. p. Quenedey.* 6.—

569 — In-4o. *Lith. de Boilly* 1824. 1.50

570 **Musschenbrock** (Pierre van), Physicien à Leyde, 1692-1761. Pet. in-fol. (*gr. p. Houbraken*) avec 6 vers. 3.—

571 **Newton** (Isaac), Mathém. et Astron., 1642-1727. In-4o. *P. Dupin sc.* 2.—

572 **Nollet** (J. A. Abbé), Physic., Prof. à Bordeaux et à Paris, né à Pimprée près de Noyon, 1700-70. In-8o. *Gr. p. Landon* au trait. 0.50

573 — In-8o. *Peint par Mr de la Tour, gr. p. Beauvarlet.* 2.—

574 — Même portr. Belle épr., seulem. une ligne d'inser. 4.—

575 — Même portr. Superbe épr. avant t. l. Petites marges. 5.—

576 — In-fol. *Molès sc.* 1771. 3.—

577 **Palizsch** (J. G.), Paysan à Rohlis près de Dresde, Astron. et Physic., 1723-88. In-fol. *Schenau et Graff pinx., C. G. Schulze sc.* 1782. Beau. 6.—

578 **Pascal** (Blaise), de Clermont-Ferrand, Physic. et Géomètre à Paris, 1623-62. In-12. Petit buste s. un socle. *Gr. p. Pitau.* 1.—

579 — In-4o. *Gr. p. Sornique.* 2.—

580 — In-fol. *Edelinck sc.* Superbe et très rare épr. s. papier fort. C'est un des plus rares portraits des Hommes célèbres de Perrault, ayant été supprimé. 10.—

581 **Pennant** (Th.), Zoologiste, 1726-98. *Gr. p. A. Tardieu.* In-4o. 1.—

582 **Pfiffer** (Louis), Seign. de Wyhr, Géographe. Constructeur de la célèbre carte en relief de la Suisse, 1716-1802. In-4o. Sur un rocher du Mont-Pilate, dessinant. *P. p. Reinhardt, gr. p. Mechel en 1780.* Superbe épr. en couleurs. 8.—

583 **Petetin**, célèbre chimiste et électricien. In-12. En rond. Buste dir. à g. Au fond un instrument d'électricité. Au bas les mots : « Vis electrica duplex in eodem fluida solo motu distincta ». *Gr. au physionotrace par Quenedey.* 8.—

584 **Pinetti** (Joseph), célèbre physicien. Joli portrait-buste, entouré d'instruments de physique. In-8o. *Thissy sc.* 2.—

585 **Placide de Ste-Hélène**, Augustin déchaussé, Parisien. Géographe du Roi, 1649-1734. In-fol. *Elisabeth Gautier p.* 1719, *Langlois sculp.* 5.—

586 **Pluche** (l'Abbé), Physicien, né à Reims en 1688, Précepteur à Rouen chez M. de Gasville, mort à la Varenne St.-Maur en 1761. In-fol. *Cathelin sc.* 3.—

587 — In-8o. *Gr. p. Cathelin.* 2.—

588 **Plumier** (Ch.), Rélig. Minime, célèbre Botaniste, né à Marseille, Voyag. en Amérique, 1646-1706. In-12. *S. n. d. g.* 2.—

589 **Réaumur** (René A. Ferchault de), de La Rochelle, Inventeur du thermomètre Réaumur, mort à Paris en 1757. In-fol. *S. n. d. g.* Rare, au bas 4 lignes. 5.—

590 — In-4o. *Gr. p. A. Tardieu.* L. m. 1.50

591 **Revillas** (Didaeo de), Dominic., Célèbre Mathém. et Physic. In-fol. *Brenner del. Nelli sc.* Beau portr. représ. Dom Revillas au milieu d'instruments géogr. 5.—

592 **Ricci** (Ange Marie), Cardinal, Profond Mathémat. Auteur de « De maximis et minimis », 1619-82. In-fol. *Haid sc.* Man. noire. 3.—

Ricci (Math.), Jésuite, Mathémat. à Pékin et Goc. Voyez cat. II, no 591.

593 **Rivard** (Franç.), Mathém., prof. au Collège Beauvais, né à Neufchâteau (Lorr.) en 1692. In-4o. *Desrochers fec.* 2.—

594 — Pet. in-fol. *Aubert sc., Valade del.* 4.—

Romé de l'Isle de Gray, Physicien. Voyez cat. II, no 593.

Rumford (Benj.), Physic. américain. Voyez cat. I, no 270.

595 **Sage** (B. G.), Parisien. Chimiste et Minéralogue, 1740-1824. In-8o. *A. de Marcenay sc.* 1775. Rare. 4.—

596 **Saluces de Menusiglio** (Jos. Ange Comte de), célèbre chimiste et physicien, 1734-1810. In-4o. Assis et occupé à faire une expérience d'électricité. *Palmieri dis. Torino Sasso inc.* Très rare. 12.—

Sanson (Nic.), Géogr., d'Abbeville, 1600-67. Voyez cat. II, no 598.

597 **Saussure** (H. B. de), né à Genève, naturaliste ; il parvint le premier à la cime du Mont Blanc, 1740-99. In-4o. *St. Ours pinx., F. Fontanals sc.* T. m. 4.—

598 — In-4o. Au pied du Mont Blanc. *Bosio dis., Sasso inc.* Rare. 6.—

599 — In-folio. *J. Cau pinx., Ch. J. Pradier de Genève sc.* Magnif. épr. 10.—

600 **Savérien** (Alex.), né à Arles en 1720, mort à Paris en 1805, Ingén. de la marine à Brest. In-fol. *Peint par Mlle François*, dess. et gr. p. son époux en 1759. Tiré en rouge. Rare. 4.—

601 **Schabol** (J. Roger), Parisien, Diacre, Agronome, 1690-1768. In-8o. *Robert del., Vangelisti sc.* 2 —

Sercey (Marquis de), Navigateur. Voyez cat. II, no 608.

602 **Serres** (Olivier de), de Villeneuve-de-Berg, célèbre agronome ; il naturalisa en France l'industrie de la soie, 1539-1619. (Il planta 15,000 mûriers dans le jardin des Tuileries.) In-4o. *Roger sc.* Portr. rare avec notice biogr. 4.—

603 — Statue de Serres à Aubenas, à Villeneuve et armes et devise de Serres, trois belles pièces, ensemble 1.50

Sicard (l'abbé), instituteur des sourds-muets. Voyez no 330.

604 **Swedenborg** (Em.), de Stockholm, Métallurgue et Mystique. In-8o. *Darchow sc.* 1782. 2.—

605 **Sydenham** (Th.), Chimiste et Méd., inventeur du Laudanum de Sydenham, 1624-89. In-8o. *A. Nagtegael sc.* Rare. 3.—

Tavernier (J. B.), Parisien, célèbre voyageur. Voyez cat. II, no 624.

Thevenot (J.), Parisien, voyageur. Voyez cat. II, no 625.

606 **Ticho de Brahe**, célèbre astronome, chimiste, machiniste, mort à Prague en 1602. In-4o. *Gr. p. Desrochers.* 2.—

607 **Thouret** (J. G.), Avocat à Rouen, adepte du Magnétisme, exécuté en 1794. In-8o. Dess. d'après nature, *gr. p. Vérité.* Beau. 5.—

608 **Thunberg** (C. P.), Botaniste à Upsala, 1743-1828. In-8o. *Notté del., J. Néc inc.* 2.—

609 **Trembley** (A.), de Genève, Zoologiste, 1710-84. In-4o. *Tardieu sc.* 1.—

610 **Truchet** (Séb.), Religieux Carme, Mathém., né à Lyon en 1657, mort à Paris en 1729. In-fol. *Elisabeth Cheron Le Hay pinx.* 1703, *Thomassin sc.* 1720. 5.—

611 — Même portrait. Superbe épr. avant la date et le mot « des Carmes ». 6.—

612 **Turre** (Georg à), Préfet du Jardin botanique à Padoue. In-4o. *Desbois sc.* 2.—

613 **Vaillant** (Sébast.), Botaniste, prof. à Paris, 1669-1722. In-fol. Buste dir. à g. (*Houbraken ?*) 3.—

614 **Varignon** (Pierre), Profess. Royal des Mathém. Né à Caen en 1654, mort à Paris en 1722. Pet. in-fol. *G. Vertue sc.* 1725. Superbe épr. 4.—

Vespucci (Amerigo), Navigateur. Voyez cat. I, nos 289 et suiv.

615 **Valentino** (P.), célèbre Mathématicien, de l'Ordre de Fr. Minimes. In-4o. Buste d. un ovale, orné d'instruments de géographie. *Pagni et Bardi sc.* Charmant portr. très rare. 4.—

616 **Wadstrom** (C. B.), de Stockholm, Voyag. et Natural. Pet. in-fol. *Roi del. et sc. Paris* 1798. Sup. épr. à t. m. 5.—

617 **Wolff** (Christ. de), Mathém. à Halle et à Marburg, 1679-1754. In-fol. *Daudet sc. à Lyon* 1731. Rare. 4.—

NOTICE : *Voyez aussi Catalogues I et II : Portraits de Géographes, Navigateurs, Cosmographes ; Portraits d'Opticiens et d'Oculistes. — Catalogue présent les articles Architectes, Artisans, Ballons.*

---

618 **Aubusson.** Défense de Rhodes par le Gr. Maitre Villiers de l'Isle-Adam, dédiée à Mgr de Rohan de Poldux. Gr. pièce in-fol. avec le portr. de Villiers et d'Aubusson. *Gr. à Paris p. L. Epine.* 5.—

619 **Auffsess** (Sigm. d'), Chan. des Egl. de Bamberg et de Wuerzb. In-fol. *Eimmart sc.* 3.—

AUGUSTINS (Ordre des)

(Order of Augustin friars.)

620 **Vue du couvent de l'ordre à Bruxelles.** Gr. in-fol. obl. *Gr. p. Coster.* Sup. épr. 5.—

621 **Abraham a Sancta Clara** (Ulrich Megerle), Prédic. à Vienne, né à Krähenheinstellen près de Mösskirch. In-fol. *C. Weigel fec.* 3.—

622 — In-8o. *J G. sc.* 1.50

623 **Antoinette de Jésus**, Chanoinesse à Paris. 1612-78. In-12 *Et. Gantrel sc.* Joli portr. finement colorié. 4.—

624 **Azpilcueta** (Martin Ab.) Prof. de droit à Salamanca et à Toulouse. 1487-1580. In-fol. *Man. S. Carmona lo grabo.* Sup. épr. à toutes marges. 3.—

625 **Gilbert** (Grég.), Parisien ; né en 1637. Gr. in-fol. *De Toy pinx., M. Dossier sc.* 1713 aet. 76. Superbe épr. 6.—

626 **Gioia a Juvenatio** (Aug.), Prieur du Mon. de Bologne en 1745. In-fol. *Rossi sc.* 3.—

627 **Hieber** (Gel.), Dr au Couv. de Munich 1671-1731. In-8o. *S. n. d. g.* 1.—

628 **Ignatius à Cruce**, Augustin déchaussé à Naples, aet. 66. In-4o. *F. La Marra del. et sc.* 2.—

629 **Kempis** (Thomas a), de Cologne 1380-1471. In-4o. *Gr. p. Desrochers.* 1.50

630 **Le Drou** (Lamb.), de Huy, Préfet de la Cathédr. de Liège. In-8o. *Wening sc.* Mauvais état. 1.50

631 **Léonard de Ste-Cathérine** (P.), Prieur des Augustins déchaussés à Paris. 1637-1710. In-4o. *Du Prée pinx. Desrochers sc.* 2.—

632 **Louis,** abbé du couvent d'Augsbourg. In-8o. *Klauber sc.* 1779. 1.50

633 **Manesier de Malson de Guibermaisnil** (Mich.) origin. de la Picardie. Prêtre Aug. à Paris. In-fol. *Vanloo del., J. G. Will sc.* 1748. Un des pl. rares port. de Will. 8.—

634 In-fol. A mi-genoux, assis dans sa bibliothèque. S. n. d. g. Très rare. 12.—

635 **Josepha Marie de Ste-Agnès.** Religieuse au couv. de Bénignani. In-8o. *Petrini sc.* 2.—

636 **Martial** (Le P.), Denis Fr. Fournier, Augustin déchaussé à Paris. Petit in-fol. *Blanchet pinx., J.B. Gissey sc.* Rare. 3.—

637 **Molinet** (Claude du), Bibl. de Ste-Geneviève de Paris, né à Châlons en 1620. Pet. in-fol. *S. n. d. g.* Coupé à l'ovale. Très rare. 5.—

638 **Noris** (Henri cardinal de)., Bibl. du Vatican, mort en 1704. In-4o. *S. n. d. g.* (*Collin à Luxemb.?*) 3.—

639 — In-fol. Avec deux blasons. *S. n. d. g.* Au bas 7 lignes. 2.—

640 **Nuzzi ab Althamura** (F. Ad.) Général de l'Ordre, élu à Rome en 1705. In-fol. *Baratta pinx., L. Gommier sc.* 1706. Beau. 4.—

641 **Schiaffinati** (F. Nic. Ant.). Napol. Prieur général de l'Ordre 1733. In-fol. N. *Billy del. et sc.* 5.—

642 **Stevins** (Fulgentius), Prêtre à Amsterdam 1644-1710. Gr. in-fol. *Dirch Jonckman sc.* A mi-genoux. Rare. 8.—

Voyez aussi nº 585 et catalogue II nº 626.

---

643 **Aylva.** Journal du siège de Mastrick, par le Maréchal de Lœwendal en 1748. Le Baron d'Aylva était gouvern. de la place. In-4o. 5 p. de texte et pl. gr. p. Weiss. 2.50

Aumale (Maison noble d'). Voyez nº 1183.

Autographes et Manuscrits. Voy. catalogue II, pages 27-32.

644 **Bagnols** (Dreux Louis du Gué de), Intendant de Hainaut et de Flandre, mort à Paris en 1709. Gr. in-fol. *Steph. Gantrel sculp.* 1688. « Offerebat Carolus Livinus de Valicourt ». Magnifique épreuve, rare. 15.—

Ballets. Voyez **Danse.**

BALLONS

Ballooning.

645 **Charles** (J. Al. César), Phys. et Aéronaute, né à Nancy en 1748. In-8o. Buste dans un ballon avec un aigle au-dessous. *Tavenard sc.* 10.—

646 — In-4o. Buste d. à g. *Paris chez Esnault et Raspilly.* Superbe épreuve avant le numéro. 10.—

647 — In-fol. *Gr. p. S. C. Miger.* Magnifique épreuve de ce beau portr. 15.—

648 **Faujas de St. Fonds,** né en 1750 à Montélimart, mort à Paris en 1819. Géologue et Aéronaute. In-12. En rond. Charmant portr. fort rare. *Gr. p. Quenedey.* 10.—

649 **Montgolfier** (Jos. Mich.), Aéronaute, né à Annonay. 1740-1810. In-4o. *Binet del. Le Beau sc.* Superbe épreuve à toutes marges. 12.—

650 **Montgolfier** (J. Etienne), son frère. 1745-99. In-4o. *Mêmes artistes.* Ann. belle épr. 12.—

651 — Les deux frères. In-4o. *Gr. p. de Launay d'après le bas-relief de Houdon.* 10.—

652 **Entrée de Mr. Blanchard** et du Chevalier Lépinard, cinq jours après leur ascension aérostatique dans la ville de Lille le 26 août 1785. In-fol. obl. *Peint par L. Walleau, gr. p. Helman.* 10.—

653 **Napoléon I** voulant crever un Ballon dans lequel on ne veut pas le laisser monter. (Vie de Napoléon, premier consul de la République française.) Curieuse pièce gr. in-fol. obl. représ. dans 24 petits médaillons la vie du premier Consul, avec la scène ci-haute. Très-rare. 20.—

654 **Deux pièces spirituellement gravées par Duncker** à Berne, représentant l'une un ballon dirigeable planant au-dessus de la cathédrale de Berne, l'autre des ballons et des parachutes. Ces pièces gr. vers 1790, sont de la plus grande rareté et manquent dans la plupart des collections. Pet. in-fol. Toutes marges. 40.—

655 **Gay-Lussac** (Jos. Louis), de l'Institut, né à St.-Léonard (Haute-Vienne), en 1778. In-4o. *Lith. de Boilly* 1822. 1.50

656 **Hensons Luft-Dampf-Wagen.** La locomotive aérienne de Henson. Très-curieuse lithographie, publiée à Leipzig, vers 1840, *par Picho del Vecchio.* Très-rare. Toutes marges. 10.—

657 **Sadler** (Mr.), le premier aéronaute anglais. Beau portrait. Pet. in-fol. *Paint. p. James Roberts, gravé par Edmond Scott* 1785. Rare. 10.—

658 **Cavallo** (Tiberius), The History and practice of Aerostation. (L'histoire et la pratique de l'Aérostique. Londres 1785. In-8o. Veau. Livre rare contenant 5 planches, (2 gr. p. De Launay, 1 gr. p. Bertault et 2 gr. pl. p. Basire.) — Description et usage du micromètre, (en anglais), p. Cavallo, Londres 1793. Veau. 16.—

Voyez aussi les articles Architectes. Arts et métiers, Astronomes.

Bar (Maison noble de). Voyez catalogue II, nº 812.

659 **Barathier** (Jac. Ant.), Marquis de Saint-Auban, Lieut.-gén. des armées du Roi. In-8o. *Dessiné p. Choffard 1784, gr. p. S. C. Miger.* Charmant portrait, fort rare. Pet. m. 10.—

660 **Barberin.** Advis donné av Roy svr l'Estat present des affaires de Rome sovs Vrbain VIII. S. l. n. d. 55 p. pet. in-8o. dérel. 3.—

Relation rare où l'on remarque les noms de Béthune, Alincourt, Cœuvres, Dietrichstein etc.

Voyez aussi nº 1171.

661 **Barfus** (J. Alb. Comte de), Général prussien, 1631-1704. In-4o. *Gr. p. Wolfgang.* 1.50

662* **Barkmann Wuytiers** (Abrégé de la vie de M. Corn), Archev. d'Utrecht, mort à Rhynwyck, 1733. Hpp. in-4o dérel. avec son portr. *Gr. p. Mathey.* 2.50

663 **Barnabites Gerdil** (Hyac. Sig. Cardinal de), né à Samoëns en Savoie en 1718. In-4o. *Sasso inc.* Rare. 3.—

664 — In-4o. *Lith. de d'Hardivilliers.* 1.—

BARTOLOZZI (Fr.), célèbre graveur anglais.

(Celebrated English Engraver.)

665* **Leonora** translated from the German of Gottfried Augustus Buerger by W. R. Spencer with *designs by Lady Diana Beauclerc.* London 1796. In-fol. cart. tr. r. 14.—

Splendide publication contenant un frontisp., 4 gr. planches, 2 vignettes et 12 culs de lampe, gr. p. Harding et Bartolozzi. Cet ouvrage peut aussi convenir aux Collectionneurs de Danses de mort.

666 « **February** ». In-fol. *W. Hamilton pinx., F. Bartolozzi sc.* 1793. Sup. pièce. 15.—

667 « **Sorrows of Werther** ». In-fol. *Ramberg del., F. Bartolozzi sc.* Beau. « They had passed an hour in this irksome situation. » 10.—

668 **Lazzarini** (Dom.), Prêtre italien. Superbe épr. 2.—

669 **Nigris** (Gaspard de). Vénitien, Ev. de Parentino. In-fol. Belle épr. rare. 6.—

670 **Portrait de Martin van Juchen,** colonel en commandeur der Stad Wesel, blanchi sous les Harnois. In-fol. *A. Schouman del., F. Bartolozzi sc.* Beau portr. assez rare. 6.—

671 **Baschi** (Charles de), Marquis d'Aubais, Baron du Caila, Seign. de Junas. Né au château de Beauvoisin en 1686. In-fol. *P. p. Peroneau en 1746, gr. p. J. Daullé en 1748.* Sup. ép. avec les armes. 10.—

672 **Bassano** (La duchesse de). Petit in-fol. *S. Gerard pinx.* 1828, *P. Adame sc.* Superbe épr. 4.—

673 **Bassetti** (Andrea de), Fondateur du Mont de Piété à Rome. In-4o. *A. Bonini inc.* 2.—

674 **Bauffremont.** « *La Jardinière fleuriste* », dédié à M. de Bauffremont, Prince de Listenois. In-fol. *Gr. en manière noire par Mlle Huguenot de Luciabel.* Rare 6.—

675 — *IIe vue du château de Bauffremont.* In-4o. obl. *Gr. p. Ney.* 2.—

Voyez aussi nº 798.

Bautru (Maison noble de). Voyez nº 16.

676 **Beauffroy de Reigny** (L'Abel), le Cousin Jacques, né en 1757. In-8o. *Violet del. Bureau sc.* Rare. 4.—

677 — In-8o. *Gr. p. Jonxis,* avec 4 vers. Rare. 4.—

678 **Beaufort** (François de Vendôme, Duc de), le Roi des Halles. 1616-69. In-4o. *Dess. p. Graincourt, gr. p. Hubert.* 3.—

679 — In-4o. *Nocret p. Pinssio sc.* Sup. épr. avec le joli entourage de Babel. 2.—

680* — **Réunion de 5 plaquettes historiques** relatives au Duc de Beaufort. « Le Bransle-Mazarin. — Lettre de Mr. de Balzac. — Le Grand Gersay battv », etc. In-4o. br. ou dérel. 5.—

681* **Beaufort** (Jean de), Le trésor des trésors de France vollé à la couronne par les incognuës faussetez... commises par les principaux officiers de finance. Pet. in-8o. de 180 p. dérel. Curieuse plaquette citant les noms des principales maisons nobles : Biron, Matignon, etc. 4.—

682* — Responce aux remonstrances de Jean de Beaufort. S. l. 1616. 37 p. pet. in-8o. dérel. 3.—

683* — Remonstrance très-humble des officiers de finance sur les diuerses inuentions et poursuites de Jean de Beaufort et ses semblables. 1615. 16 p. pet. in-8o. dérel. 3.—

684 **Beauharnais** (Eugène de), Duc de Leuchtenberg. 1781-1824. In-fol. A mi-corps, la tête dir. v. la dr., la main appuyée sur son sabre. Beau portrait avant toutes lettres. 6.—

685 — Gr. in-fol. Curieuse image populaire en couleurs avec la vue de la bataille de Smolensk. Epinal chez Pellerin. 3.—
Voyez aussi catalogue II, nº 384 et suiv.

Beaumont (Maison noble de). Voyez nºs 17 et 1184.

Beaurepaire (Famille noble de). Voyez catalogue II, nº 389.

686 **Beausobre** (Louis de), Ecrivain, 1730-83. In-4o. *D. Chodowiecki del., D. Berger sculp.* Superbe épr. de ce portr. rare, une des raretés de Chodowiecki. 6.—

687 **Beauvau.** Représentation de la bataille près d'Allersheim le 3 août 1645. Estampe de l'époque où l'on trouve cités les noms de Beauvau, Grammont, Chabot, Clavière, Persan, etc. 5.—

688 **Beccaria** (Marchese Cesare), Ecrivain, 1735-93. In-4o. Assis. *Bosio dis., Sasso inc.* 3.—

689* **Bellegarde.** Rélation de ce qvi s'est passé depuis le VI Feburier iusques à présent. S. l. 1631. 16 pp. pet. in-8o dérel. Pièce rare concernant les Ducs de Bellegarde, de Poncarré, La Feuillade, Puylaurens, etc. 4.—
Voyez aussi nº 1095.

Belle-Isle (Maison noble de Fouquet de). Voyez nº 21.

690 **Bellune** (Victor Perrin Duc de), né à la Marche (Vosges), 1766-1841. In-fol. A cheval. *Paris chez Jean.* 3.—

691 — In-fol. obl. *Bataille de Somo-Sierra,* remportée par le Duc de Bellune et le général de Montbrun. Gravure contemp. en couleurs. *Paris chez Chereau.* 5.—

692 — *Bataille d'Espinosa,* gagnée par le Duc de Bellune. In-fol. obl. *Paris chez Chereau.* 5.—

693 **Belsunce.** Plan du combat près d'Eimbeck le 14 août 1761 entre le corps du Vicomte de Belsunce et les soldats de Luckner. In-fol. obl. 3.—

BÉNÉDICTINS (Ordre des).

694 **Alaydon** (Dom Jean Baptiste), Supérieur général de St. Maur, né à Rethel en 1671, mort à Paris en 1733. In-fol. *P. p. Robert, gr. p. N. J. B. de Poilly en 1734.* Beau. 6.—

695 **Beda,** abbé de Wessofort. In-fol. *Zimmermann sc.* 1.—

696 **Brial** (Dom M. J. J.), de Perpignan. In-4o. *P. Deque van Viller sc.* 1.—

697 **Dominic,** abbé de St-Pierre de Salzbourg. In-8o. *A. Kohl sc.* 1791. 1.50

698 **Flyjoo** (Fr. Benito Geronimo), Savant, mort à Oviedo, en 1764. In-fol. *Vasquez lo grabo.* Beau. 3.—

699 **Hochenbaum van der Meer** (Prieur de Rheinau) 1718-95. In-8o. 1.—

700 **La Cour** (Dom Didier de), né à Mouzeville près de Verdun, Prieur de l'abb. de St-Vanne à Verdun. 1550-1623. In-8o. *De la Gardette sc.* 2.—

701 **Louvard** (Dom Fr.), né au Mans, Adversaire de la Const. Unig., mort en exil à Utrecht. 1729. In-fol. A mi-genoux, assis. *S. n. d. g.* 6.—

702 **Mabillon** (Dom Jean), de la Congr. de St.-Maur, né près de Reims, mort à Paris à St.-Germain des Prés. In-4o. *Desrochers, Gaillard sc.* avec le cartouche de Babel. à 2.—

703 — In-8o. *P. F. Giffart sc.* Beau. 3.—

704 — In-4o. Hallé pinx. Loir sc. S. m. 1.—

705 **Mazza** (André), Biblioth. à Parme. In-4o. *Gr. p. F Rosaspina.* Sup. épr. à t. m. 2.—

706 **Montfaucon** (Bern. de), célèbre archéol., né au Château de Soulage près de Narbonne, mort à Paris en 1741. In-4o. *Desrochers.* 2.—

707 — In-4o. *Tardieu sc.* « Paulus Abbas Gengenbacensis ejusd. ord. cultus et amitiæ cama fecit Parisiis 1739 ». Rare. 4.—

708 — In-fol. *Peint p. Geuslin, gr. p. B. Audran.* Belle épr. 8.—

709 — In-fol. Buste dir. à gauche. Sub. épr. d'un portrait excessivement rare, avant toutes lettres et à l'eau-forte pure 12.—

710 **Quirini** (Ange Marie), Biblioth. du Vatican, Archev. de Brescia. In-4o. *Gaillard sc.* 2.—

711 — In-fol. *M. Pitteri sculp.; Sysang fec.* à 3.—

712 **Porcia** (Leander Card.), Ev. de Bergamo, In-4o. *Nelli del. Massi sc.* 1728. 2.—

713 **Reinhold** (C. Léon), Professeur à Jena et Kiel. 1758-1823. In-fol. *Lips del. et sc.* Superbe épr. 3.50

714 **Rohan** (Marie Eléonore de) Abbesse de Malnoue, Bén. du Couvent du Montargis, Abbesse de la Ste-Trinité de Caen, Prieure de Chaumidy à Paris. In-8o. *J. Mariette fec.* Petit portr. très rare. 8.—

715 **Suger,** Abbé de St.-Denis, Régent du Royaume, né à Toury en Beauce. In-fol. *Sergent sc.* Sup. épr. en couleurs. 5.—

716 — In-fol. Suger nommé ministre d'état. En couleurs. 4.—

717 **Textor** (Jérôme), né à Nice, Prof. à Padoue. In-4o. *Gr. p. Desbois.* 1.50
Voyez aussi cat. II n° 832.

---

718 **Berghes** (Henri de), Général espagnol, 1573-1638. In-fol. A mi-genoux. Superbe pièce *gr. p. Marcenay de Guy.* Magnifique épr. avant la lettre, t. m. 10.—

719 **Beringhen.** Elévation du Portail d'une église paroissiale. Coupe et profil de l'église. Décoration d'un tombeau, etc 5 pl. d'architecture *gr. p. C. Dupuis* et dédiées au Marquis de Beringhen avec ses armes. 6.—

Bernis (Famille noble de). Voyez n°s 27 et 959.

720 **Berrier** (Louis), Directeur des Finances. In-4o. *A. Mellan sc., Coll. Odieuvre.* 2.—

721 **Berry. Assassinat du Duc de Berry.** Curieuse et tr. rare pièce anonyme. In-4o obl. 3.—

722 — **Exposition du corps du Duc de Berry** au Palais du Louvre. Très curieuse pièce de l'époque en couleurs. Au bas la scène de l'assassinat et le mod. du poignard. 5.—

Berthier de Wagram (Maison princière de). Voyez n°s 1093, 1094 et catalogue II, n° 390.

723 **Bertin** (Pierre Vincent), Trésorier général du sceau. Gr. in-fol. *N. de Largillière p., C. Vermeulen sc.* 1694. Beau portr. 6.—

724 **Bertin** (H. C. J. B.), de Périgueux, Lieut. de Police, Intend. de plusieurs provinces. In-8o. *Roslin pinx., Dupin sc.* Superbe épr. avant le n° et avec les armes. 8.—
Voyez aussi cat. II, n° 402.

Bérulle (Maison noble de). Voyez cat. II, n° 1018.

725 **Besenval** (Jean Victor de), Baron de Brunstadt. Mort à Soleure en 1713. In-8o. S. n. d. g. 3.—

726 — In-fol. *Meissonier del., A. Drevet sc.* Sup. épr. à toutes marges. 12.—

727 **Besenval** (Pierre Victor baron de). 1722-94. In-fol. *Carmontelle del. et sc.* Superbe épr. 20.—

728 **Le même,** conduit dans un vieux château-fort à Brie-Comte-Robert, le 10 août 1789. In-fol. obl. Prieur del. Berthault sc. 2.—
Voyez aussi n° 798.

Besse (Maison noble de). Voyez catal. II, n° 874.

729 **Béthune.** St. Léon, Pape, ordonnant à Attila de se retirer devant Rome. Belle pièce in-fol. obl. *gr. p. S. Bernard d'après Raphael* et dédiée au comte de Béthune avec ses armes. Rare. 10.—
Voyez aussi n°s 681 et 798.

730 **Beurnonville** (P. Riel de), Maréch. de Fr., né en 1752 à Champignoles. In-fol. Debout. *Dess. p. Hilaire le Dru, gr. p. Gauthier.* 4.—

731 **Bevilaqua** (Aloys), Légat à la Paix de Nimègue en 1678. In-fol. *B. Vaillant, de Lille ad vivum ping., A. Vaillant fec.* Superbe épr. 6.—

BIBLIOTHÉCAIRES
LIBRAIRES ET IMPRIMEURS
Librarians, Booksellers and Printers.

732 **Aldus Manucius,** célèbre Imprimeur à Venise. 1445-1515. In-8o. *Gr. p. Aug. de St.-Aubin.* Epr. s. chine; *gr. p. Rothscholz* à 2.—

733 — In-4o. *Gius. Longhi dis., Scotto inc.* Beau. 3.—

734 **Paolo Manutio.** In-8o. *Gr. p. St. Aubin.* Epr. s. chine. 2.—

735 — In-4o. *F. Zuliani inc.* Beau. 3.—

736 **Alvensleben** (Joh. Fr. v.), Bibliophile, Conseiller brandenb. 1657-1728. In-fol. *Wolffgang sc.* 1729. Sup. épr. Rare. 8.—

737 **Baillet** (Adr.), né à la Neuville près de Beauvais. Bibl. de M. de Lamoignon, mort à Paris. 1649-1706. In-8o. *S. n. d. g.* Au bas : Bibl. du Prés. Lamoignon ; *S. Thomassin exc., J. Audran sculp., B. Fessard sc., N. Edelinck sc.* à 2.—

738 — In-fol. *Jongman sc.; S. n. d. g. (p. Habert);* S. n. d. g. Au bas 3 lignes à 3.—

739 — In-fol. *J. Audran sc.* Beau. 5.—

740 **Beger** (Laur.). Bibl. de l'Elect. Palatin à Heidelberg. In-fol. *J. Ulr. Kraus ad viv. sculp.* æt. XXXII. Rare. 5.—

741 **Bignon** (Jérôme de), Parisien, Premier avocat gén. Maître de la Bibl. Royale. 1627-97. Gr. in-fol. *A. Masson sc.* 1686. Très-beau. 15.—

742 **Boudot** l'abbé P. J.), Parisien, Sous-bibl. du Roi, Interprête du Régime de Lalli. 1689-1770. In-4o. *Dess. p. Cochin fils, N. P. de Poilly sc.* 1753. 4.—

743 **Bulifon** (Antoine), né en France. Savant Libr. à Naples. In-12. âgé de 40 ans en 1689. Joli et rare petit portr. avec les armes et un anagramme. 2.—

744 **Capodieci** (Gins. M.), Antiquaire et Curateur de la Chapelle du Roi (Murat). In-8o. *Gr. à Syracuse p. Polsti.* 1813. 2.—

745 **Carra** (J. L.), né en 1743 à Pont de Veyle, Gardien de la Bibl. Nat., exécuté en 1793, député de l'Orne en 1789. In-8o. *Bonneville fec.* Beau. 2.—

746 **D'Acier** (François), Parisien, Colporteur de livres, se disait petit-neveu du Savant D'Acier. In-8o. Fig. ent. debout. S. n. d. g. Très-rare (attribué à Wille). 5.—

747 **Denina** (G.), Conseiller du Roi de Russie, Bibl. impér. à Paris. 1751-1813. In-8o. *Valperga sc.* Rare. 2.50

748 **Dolet** (Etienne), Imprimeur, né à Orléans, en 1509, brûlé vif à Paris sur la place Maubert en 1546. In-8o. *S. n. d. g.* Commencem. du siècle. 3.—

749 **Duchesne aîné**, conservateur à la Bibl. Royale. In-4o. *C. L. O.* 1841. *Lithogr. rare de Clouet.* 2.—

750 **Eckartshausen** (C. v.), Archiviste à Munich. 1752-1803. In-4o. *J. M. Mettenleister sc.* Toutes marges. 2.—

751 **Endter** (Georg) le vieux, Libraire à Nuremberg. 1562-1630. In-8o. S. n. d. g. (*Rothscholz*). 1.50

752 **Ferreras** (Don Juan de), Bibliothéc. de Philippe V. 1632-1735. In-fol. Assis. dans sa biblioth. et écrivant. *J. Barcelon lo grabo.* 5.—

753 **Flamel** (Nicolas), Libraire juré en l'Univ. de Paris, mort en 1418. In-8o. A genoux, priant. 2.—

754 **Forbin** (J. A. Comte de), né à Laroque en Provence. Direct. d. Musées. 1779-1841. In-8o. *P. Guerin pinx. Fleury sc.* 2.—

755 — In-4o. *Lith. de Boilly.* Beau. 1.50

756 — Pet. in-fol. *Ingres del. M. Reinaud sc.* 1812. Beau. 4.

757 **Guillon de Montlieu** (l'abbé Aimé), né à Lyon en 1758. Conservateur de la Bibl. Mazarine. In-4o. *Fouchery del. et sc.* 0.50

758 — Le même portr. avant la lettre, sur chine. 2.—

759 — In-fol. Buste à g. *Lithogr. rare,* au bas 3 lignes. 2.—

760 **Gutenberg** (Jean), Inventeur de l'Imprimerie. In-8o. *J. K. H. fec.* 1798. 2.—

761 — In-8o. *Gr. sur acier* vers 1830. 0.50

762 **Heerdegen** (Friedr.), Bücher-Antiquar à Fürth, né en 1758. In-8o. *J. Gierer del., J. C. Bock sc.* 2.—

763 **Herluison** (P. G.), Bibl. de l'Aube à Troyes. Profess. à Brienne. 1759-1811. In-8o. *Petit de Villeneuve del., Massard sc.* Toutes marges. 3.—

764 **La Coste** (Le véritable Portrait, tiré d'après nature sur la place du Palais-Royal, d'Emmanuel Jean de), condamné le 28 aougt 1760 au Carcan pendant 3 jours, à la marque et aux Galères à perpétuité. Escroc et fabricateur de fausse Loterie et de Libelles diffamatoires. In-8o. Petite pièce fort rare, avec la vue du Palais Royal. 8.—

765 — In-4o. Curieux et rare portrait *s. n. d. g.* 4.—

766 **Lacroix** (Paul), le Bibliophile Jacob, Parisien, Conserv. de l'Arsenal 1806-84. In-4o. Superbe lithogr. avant la lettre (vers 1830). Beau et rare. 4.—

767 **Le Noir** (J. A.), Parisien, Lieut de police. Directeur de la Bibl. Royale. 1732-1807. Fondateur du Mont-de-Piété. In-fol. *Peint p. Greuze, gr. d. Chevillet en* 1778. Superbe épr. 10.—

768 **Macanaz** (D. Melchior de), Ambassadeur à Paris, Ministre, Bibliophile. 1670-1760. In-fol. Fig. ent. assis. *Barcelon lo grabo* Superbe épr. à toutes marges. 5.—

769 **Mablin** (M.), Maître de confér. à l'Ecole Normale, Bibl. adjoint de l'Université. 1774-1834. In-4o. *Lithographie de Lemercier.* 1.50

770 **Marchand** (J. H.), Avocat et Censeur Royal à Paris. In-4o. *Dess. p. Puyos, gr. p. M. Lingée.* Beau. 5 —

771 **Masson** (Jean Papire), né à St. Germain en Forez, élevé chez les Jésuites. Jésuite et Prof. au collège de Tournon et de Paris, Bibliothécaire du comte de Chiverny 1544-1611. In-fol. *Jac. Lubin sc.* Papier fort. 4.—

772 **Montano** (Arias), Orientaliste, Editeur de de la Bible polyglotte. 1527-98. In-fol. A mi-genoux. *Ballester lo grabo* Toutes marges. 4.—

773 **Muratori** (L. A.) Bibl. du Vatican 1672-1750. In-fol. *P. Monaco inc.* 1.50

774 — In-fol. *G. Garavaglia sc.* 2.—

775 **Oudot** (Mr. ou Me) « Vers : Voy dans les traits que tu contemples — Un imprimeur loyal et sans impression — A tes pareils, Oudot, tu serviras d'exemples — Un imprimeur doit faire impression. » Très curieux petit portrait-caricature gr. sur bois. 4.—

776 **Panckoucke** (A. C. F.), Editeur Parisien. In-fol. *Thouron pinx., Jacob del. Lith. de Langlumé.* 0.50

777 **Panzer** (G. W.), Bibliographe. 1729-1805. In-fol. *Urlaub p., C. W. Bock fec.* Norib. 1772. Beau. 2.—

778 **Reuss** (J. D.), Prof. de Philosophie à Göttingen. In-4o. *H. C. Schwenterley. Ac. Gœtting. sculptor del. et sc* 1792. Belle épr. de ce charmant portr. 3.—

779 **Rigault** (Nic.), Rigaltius, Parisien, Garde de la Bibl. du Roi, Intend. à Metz, mort à Toul. 1577-1654. In-fol. *Bonet del., Edelinck sc.* Superbe épr. sur papier fort. 4.—

780 **Ripault** (l'abbé), d'Orléans, Libraire, Bibl. de Napoléon, 1775-1823. In-8o. Buste dir. à dr. S. n. d. g. 2.—

781 **Roth-Scholtz** (Fr.), Libraire à Noremb., né en 1687. In-8o. *Delsenbach sc.*; In-fol. Knorr sc. 1727. Chaque portr. à 1.—

782 — In-8o. Kilian sc. 0.50

783 **Scapin** Carlo), Librago di Mente. 1795. In-8o. Joli portr. S. n. d. g. 1.50

784 **Schelhorn** (J. G.), Bibl. de la ville de Memmingen, né en 1694. In-fol. 1.10

785 **Sirlet** (Guill.), Cardinal et Bibl. du Vatican. In-fol. Fig. ent. accompagné du P. Oldoina de la Compagnie de Jésus. *Gr. p. Cattini* avec le texte imp. au bas. 4.—

786 **Vincent** (Jac.), Parisien. Impr.-Libr., Syndic en 1741. 1692-1760. Gr. in-fol. *Gr. p. Poilly*, avec 4 vers au bas. Rare. 10.—

787 **Winkelmann** (J. J.), Célèbre antiquaire, Bibl. du Vatican, assassiné à Trieste en 1768. In-4o. Assis à côté de la statue de Homère. *Bosio dis., Biasioli inc.* Beau et rare. 3.—

788 **Yriarte** (Thom. de), Poète espn. né vers 1750 à Ténériffe, Chef des Archives. In-8o. *A. de Espinosa lo gravo* 1771. 2.—

789 **Zimmermann** (Gottfr.), Libraire à Zerbst. 1670-1723. In-8o. *Gr. p. Roth-Scholz.* 1.—

790 **Une vente de livres** à l'Hôtel Drouot. Pet. in-fol. *Gravure de Staal.* 1.—

Voyez aussi : Catalogue II, les portraits de *Bandini* (371), *Cisternay du Fay* (820), *Claude Fauchet* (881), *Cardinal Bellarmin* (921), *Cardinal Albani* (1040).

Catalogue présent : *Bignon* (31), *Dacier* (102), *Casimir Delavigne* (107), *Duval* (121), *Louvois* (221), *Molinet* (637), *Cardinal Noris* (638), *Mazza* (705), *Quirini* (710).

791* **Bibliothèqve imaginaire** de livrets, lettres et discovrs imaginaires. L. l. 1615. 15 p. Pet. in-8o. dérel. Bibliographie des plus curieuses, contenant des titres d'ouvrages qui n'ont jamais existé, relations de batailles qui n'eurent jamais lieu. On y trouve cités les noms de Bullion, Sillery, Bois-Dauphin, etc. 5.—

792* **Bibliothèques** (Traitté des plus belles), de l'Europe, des premiers livres qui ont été faits, des imprimeurs, de plusieurs livres qui ont été perdus etc. Par Le Gallois, Paris 1685. In-12. Veau. 4.—

793* **Bièvre** (Marquis de), Lettre écrite à Me la Comtesse Tation par le Sieur de Bois-Flotte, étudiant en droit-fil. Amsterdam 1770. In-8o. Frontisp. et charm. vign. dem. mar., coins, n. r. 6.50

794 **Portrait du Marquis de Bièvre,** Parisien, 1747-89. In-8o. Petit portr. excessivement rare, gr. vers 1780, avec 2 vers au bas. 10.—

795 **Portrait de Georges Maréchal,** Premier Chirurgien du Roi, Gr. père du préc. Né à Calais en 1654, mort au château de Bièvre 1736. In-4o. *Fontaine p., Daullé sc.* 3.—

796 **Bignon** (Thierry), Parisien, Président au Gr. Conseil. 1637-97. In-fol. *F. de Troy pinx., P. Van Schuppen sc.* 1697. Sup. épreuve. 6.—

Voyez aussi nos 31 et 741.

797* **Binet** (Et.), S.-J. Abregé des vies des principavx fondatevrs des religions de l'église representez dans le chœvr de l'abbaie de L. Lambert de Liessies en Haynavt auec les maximes spirituelles de chaque fondateur. Anvers chez Martin Nvtivs 1634. In-4o. Veau. 24.—

Frontisp. et 39 portr. supérieurement gravés par les frères C. X. T. Galle, Louis de Blois, Ste Thérèse, St Ignace, St Matthæus Basci, la Bienh. Jeanne de France, Ste Claire, St François, etc.

798* **Biographie** des généraux français qui ont servi pendant la guerre de Sept ans. S. l. 1791. En allemand. In-8o. car. 6.—

Ouvrage fort rare, contenant les biographies de 69 généraux parmi lesquels les noms de Contades, Brissac, Broglie, Bethune, Rochambeau, Ségur, Besenval Noailles, Beauffremont, Nicolai, etc.

799* **Biographie.** Elogi historici Bresciani illustri, teatro di O. Rossi. Brescia 1620. In-4o. dem. rel. 3.—

Titre gr., 500 biographies de célèbres Besçois.

800 **Biré** (l'abbé de), 18e siècle. In-12. Rond Buste dir. à dr. Très-joli et rare portr. *Dess. et gr. p. Quenedey.* La famille Biré est d'origine bretonne. 8.—

801 **Biron** (Charles de Gontaut, Duc de), Gouv. de Bourgogne et de Bresse, mort en 1602. In-8o. *Coll. Odieuvre.* 2.—

802 **Biron** (L. A. de Gontant de), Maréchal de France, Colonel des Gardes. In-fol *Gr. p. Baudouin, Colonel des Gardes en* 1761. 10.—
Voyez aussi no 1183.

803 **Bismarck** (Die hochwohlgeb. Frau Maria Dorothea Elisabeth von), geb. v. Jagow. 1705-41. In-fol. *Wolffgang sc.* 1742. Superbe épr. Très-rare. 10.—

804 **Bivar** (Rodrigo Diaz de), surnommé le Cid. Vainqueur des Maures. 1030-99. In-fol. A mi-corps. *V. Lopez lo grabo.* 3.—

Blanchelande (Maison Rouxel de). Voyez catalogue II, no 403.

805 **Blois** (Guillaume de), Cardinal en 1179. In-8o. *S. n. d. g.* Portr. du 18e siècle à t. m. 2.—

Blosseville (Maison noble de). Voyez catalogue II, no 876.

806 **Blücher** (Gebh. Lebrecht v.), Général prussien. In-4o. Debout. *Gr. p. Sasso d'après Bosio.* Rare. 3.—

807* **Boccaccio** (G.), Fiammetta del Boccaccio. Stampato in Firenze per Philippo di Giunta l'anno del Signore 1517. Pet. in-8o. Vél. 15.—
Superbe exemplaire de cette charmante édition sortie des presses de Alde. Sur la feuille de garde se trouve une pièce de vers à Antoine Meray, signée Th. G. (Théophile Gautier?).

808 **Bogino** (Conte Gio Battista), Diplomate italien du 18e siècle. In-4o. Fig. ent. debout. *Sasso inc.* 3.—

809 **Boisgelin.** Plan du combat de Friedberg entre les Alliés et les Français commandés par les généraux de Boisgelin, Chapt, Dally. Narbonne le 30 août 1762. In-fol. obl. 3.—
Voyez aussi no 38.

Bonal (Maison noble de). Voyez catalogue II, no 1021.

Bonamy (Famille noble de). Voyez catalogue II, no 406.

BONAPARTE (Maison de)

810 **Bonaparte** (Napoléon), Emper. des Français. In-fol. Comme César romain. *Bouillon del., Massard sc.* Beau. 5.—

811 — Gr. in-fol. Grande pièce allégorique, gr. en 1800. Deux muses tiennent le portrait médaillon de Napoléon, au-dessus des scènes de la bataille de Marengo. *Paris, chez Despeuil.* Superbe portrait rare. 10.—

812 **Première entrevue** de l'empereur Napoléon et de l'archiduchesse Marie-Louise (près de Soissons). Très curieuse pièce de l'époque en couleurs avec les portraits de Napoléon, Marie-Louise, Roi Murat, etc. Très rare. 12.—

813 **Entrée triomphante** des Français dans la ville de Madrid, le 4 déc. 1808. Image populaire de l'époque en couleurs. In-fol. obl. Paris chez Chereau. 3.—

814 **Arrivée de LL. MM. au Palais Impérial** de Compiègne le 27 mars 1810. Pet. in-fol. obl. Esquisse faite d'après nature. Paris, chez Petit. Pièce en couleurs, rare. 8.—

815 **Le Baromètre de Napoléon.** Deux pièces curieuses in-4o obl. avec le joli portrait médaillon de Napoléon. Forestier invenit à Dreux, Moisy etc. Rares. 3.—

816 **Portrait du Duc de Reichstadt.** In-8o. Gr. p. Fritsch vers 1825. 1.50

817 **Bonaparte** (Louis-Napoléon), Roi de Hollande. In-fol. *Dess. p. Gregorius, Gr. p. L. C. Ruotte.* Beau. 6.—

818 (Jérôme), Roi de Westphalie 1784-1860. Gr. in-fol. Magnifique portrait *gr. p. Ruotte.* Superbe épr. avant toutes lettres. Gr. m. 6.—

819 **Napoléon et les généraux de l'Empire.** Suite de 6 planches gr. in-fol. contenant cent-un portraits finement gravés par Bovinet d'après Vautier. Très belles épreuves à toutes marges. 15.—
Voyez aussi nos 40, 653 et 1184. (Eventail de Napoléon.)

Bonchamps (Maison noble de) voyez cat. II, no 407.

820* **Bonneval.** Vie curieuse du comte de Bonneval. Merkwuerdiges Leben des Grafen von Bonneval. S. l. 1738. 3 partie en 1 vol. in-12 cart. En allem., avec le portr. du Comte, *gr. p. Steidlin.* 5.—

821* — Mémoires du comte de Bonneval. Londres 1737. 2 parties en 1 vol. petit in-8o. veau. 4.—

822 — Portrait de Claude Alex. Comte de Bonneval, Limousin, généralissime des troupes ottomanes et Topigi-Baschi, mort en 1747. In-8o. A mi-corps, en costume turc, au fond une bataille *Knorr fec., Norimb.* Rare. 6.—

823 — In-fol. En costume turc. *Schalch fecit.* Superbe épreuve avant la letttre de ce portrait rare et nulle part décrit. 25.—

824 — Portrait de M. de Bonneval. Charmant et fort rare petit portr. en rond *gravé au Phisionotrace par Quenedey vers* 1785. 8.—

825* **Bonnivet** (Lettre dv Marqvis de) envoyée à M. le Prince de Condé. Paris chez Pierre des Hayes, 1615. 7 pp. pet. in-8o dérel. n. r. 3.—

826* — Lettre de M. le Marqvis de Bonniuet escrite au Roy, 1615. Pièce de 6 pp. pet. in-8o dérel. 3.—

827 **Borghèse** (Camille Prince de), Duc de Guastalla, 1775-1832. In-8o. Joli portr. rare *gr. p. Quenedey* au physion. 8.—

828* **Borghèse.** Le Jvbilé vniversel de Nostre Très-Sainct Père le Pape Pavl Cinqviesme povr implorer l'ayde et secours de Dieu povr les presentes necessitez de l'Eglise. Paris 1620. 16 pp. pet. in-8o dérel. Avec les armes de Borghèse. 3.—

Borgia (Maison noble de). Voyez catalogue II, no 411.

Botanistes. Voyez *Astronomes.*

829 **Botta-Adorno** (Maréchal Marchese Antoniotto). In-4o. Fig. ent. *Bosio inv.*, *Sasso inc.* Rare. 3.—

Boudet (Famille noble de). Voyez catalogue II, no 414.

830 **Boufflers.** Plan du siège de Namur le 30 juin 1692 avec le portr. de Boufflers. Estampe allem. de l'époque. In-fol. obl. 4.—

831* **Boufflers** (Journal du siège de la Knoque commandé par le Duc de) en 1744. Plan gravé p. Striedbeck et 2 pp. de texte avec vign. s. bois. 2.—
Voyez aussi catalogue II, no 415.

Bouhier (Famille noble de). Voyez no 49.

832 **Bouillon** (Madame la Duchesse d'Albret de la Maison de La Tremouille, épouse d'Em. Theodose de La Tour d'Auvergne Duc de), morte en 1717. In-fol. Assise, en costume de négligé. Paris chez Mariette. Charmant portr. excessivement rare et très intér. pour le costume. 20.—
Voyez aussi no 401.

833 **Boullenois** (Louis de), Parisien, Avocat au Parlem. 1754 æt. 74. Pet. in-fol. *L. A. Maugeanty, Mlle Martinet sc.* Portr. rare avec les armes : D'argent au chevron d'azur avec 3 roses de gueules. 8.—

834 **Bourbon** (Louis Ant. Jac. de), Archev. de Tolède, nommé Cardinal à 8 ans, 1727-85. In-8o. Portr. rare s. n. d. g. représentant le jeune prince en costume de cardinal. 3.—

835 **Bourbon** (M. l'abbé de). Inscription manuscrite sur un très beau portr. du 18e siècle, avant toutes lettres, à mi-corps dir. à g. avec l'ordre du St. Esprit. Pièce rare et non décrite. 10.—

836 **Bourbon** (Marie Elisabeth de), Princesse de Parme, archiduchesse d'Autriche. In-fol. A mi-corps, assise, gravé en manière noire *p. Haid.* 6.—

837 **Boutons** (Modèles de), 18e siècle. Pièce en couleur in-fol. conten. 8 modèles de boutons, amours et muses, gr. vers 1780. 10.—

838 **Pièce in-fol. obl.** contenant 6 modèles, portraits de Necker et de Louis XVI, sujets allégoriques relatifs à 1789. *Paris chez Basset.* 6.—

839 **Suite de 2 pièces** in-fol. gr. p. Borel « Coiffures françoises » contenant dans de petits ronds 9 charmants (en tout 18) modèles de coiffures vers 1780. Ensemble 8.—

840 **Autre planche** oblongue contenant 12 modèles de coiffures de la première époque de l'Empire. 4.—

841 **Boxe** (*Boxing*). Manières différentes de vider une affaire d'honneur. Au premier deux Anglais se boxant, au fond deux Français se battant à l'épée. *Paris chez Gault de St Germain.* Pièce rare en couleurs vers 1805. 10.—

Boyer (Maison noble de). Voyez no 51.

842 **Brancaccio** (Angela de), Religieuse Théatine, à genoux devant le Seigneur. Infof. *Gr. b. Cattini* (vers 1700) avec texte typogr. 4.—

843 **Brancas** (André de) Seigneur de Villars, Amiral de Fr., mort 1595. In-4o. *gr. p. Aubert.* 2.—
Voyez aussi no 994.

844 **Brantôme** (Pierre de Bourdeille Seign. de) mort en 1614. In-4o. *Piassis sc.* Sup. épr. avec les armes. 2.—

Breauté (Maison noble de). Voyez catalogue II, no 996.

845 **Brentano** (Plans des batailles de Drachenberg et d'Adelsbach 1759 et 62 avec citation du nom de). In-fol. obl. 2 pl. *Gr. p. Raspe.* 3.—

846* **Brentius** (Jean), Pasteur à Haguenau en 1528. Ad. testamentvm D. Joannis Brentii, noper contra Zuinglianos publicatum.... Tigori Chr. Foschover 1571. 36 p. Pet. in-8o. dérel. Pièce fort rare. 5.—

847 **Breteuil** (Fr. Vict. le Tonnelier de), Marquis de Fontenay-Tresigny, Ministre de la guerre en 1721. Ambass. en Russie et en Suède. Pet. in-fol. *Peint p. Vanlo le Père, gr. p. Joullain.* Sup. épr. de ce charmant portr. 12.—
Voyez aussi n° 1146.

848* **Brezé.** Contract passé entre Messrs. du Clergé de France et Scipion Sardiny pour les offices de Receveurs. Paris 1598. 3 pièces. Pet. in-8o dérel., avec les noms de Louis de Brezé, év. de Meaux etc. 4.—

Brienne (Maison noble de). Voyez le n° 1183.

849 **Brissac** (Artus de Cossé-), Gouvern. d'Anjou, Touraine, d'Orléans, Metz, Paris, mort en 1582. In-4o. *Pinssio sc.* 2.—

850 **Brissac** (Charles de Cossé-), Gouv. de l'Ile de Fr. et de Picardie, mort en 1563. In-4o. *Pinssio sc.* 2.—

851 — Pet. in-fol. *Sergent del et sc.* 1788. Magnif. épr. en couleurs. 8.—

852 — Pet. in-fol. Le Maréchal de Brissac distribue la dot de sa fille aux fournisseurs de l'armée. *Sergent del. et sc.* en couleurs. 5.—

853 **Brissac** (Timoléon de Cossé-). Gouvern. d'Anjou, Maine, mort en 1569. In-4o. *Pinssio sc.* 2.—

854 **Brissac** (Charles II de Cossé-), Gouvern. de Paris, Anjou, Valaise, Poitiers, Nantes, mort en 1621. In-4o. *Pinssio sc.* 2.—

855 — Pet. in-fol. Brissac, Gouv. de Paris remettant avec les échevins Lullier et Langlois, les clés à Henri IV. Pièce ronde. *Dess. p. Sergent, gr. p. Roger.* En couleurs. 5.—

856 **Brissac** (Jean Paul Timoléon de Cossé-), Gouv. de Paris. 1698-1784. In-8o. *Pougin de St. Aubin pinx., Hubert sc.* Beau. 8.—

857 — In-8o. *Marillier p., Le Beau sc.* 8.—

858 — In-8o. *Gravure au trait* en deux manières. Ensemble. 3.—

859 — In-4o. Avec la vue du Louvre au bas. *C. Gaucher sc.* 1772. 15.—

860 — Plan du combat près de Coofeldt entre les Français sous les ordres du Duc de Brissac et les Hanovriens en 1759. In-fol. obl. 3.—

861 — « Le Point du jour ». *Gr. p. Le Bas* en 1713, d'après Van Velde et dédié à la Duchesse de Brissac avec ses armes. In-fol. obl. 3.—

862* **Brissac.** Remonstrance av Roy svr la revnion de ses suiets, ordre de l'estat, tranqvilité et soulagement de son peuple : Par les Deputez de Messieurs les Princes, accompagnez de Mrs. de Neuers, de Brissac, Médiateurs de la Paix. Paris, 1616. 15 pp. pet. in-8o dérel. 6.—
Pièce historique fort rare.

863* **Brissac.** Articles accordez sous le bon plaisir du Roy entre Messieurs de Brissac, Mareschal de France et de Villeroy, Conseilliers d'Estat de sa Maiesté, ses Deputez d'vne part et Mgr. le Prince de Condé d'autre. Afin de paruenir à vne conférence, etc. Fontenay-le-Comte, 1616. 8 pp. pet. in-8o dérel. 6.—
Voyez aussi les nos 798, 1183.

864 **Brisson** (Barnabé), Présid. au Parlem. de Paris, pendu par les Ligueurs en 1591. In-fol. Assis et écrivant. Beau portr. *s. n. d. g.* 6.—

865 — In-8o. Buste dir. à dr. dans un ovale enc. S. n. d. g. 3.—

866 **Broglie** (Vict. Franç. Duc de), Maréchal de Fr., 1718-1804. In-4o. *Dess. et gr. p. Le Beau.* Belle épr. 12.—

867 **Broglie** (Albertine de Staël Duchesse de). In-4o. *F. Gerard p.* 1820, *gr. p. A. Bazin* 1854. 3.—

868 **Broglie** (Fr. M. de), Gouvern. de Strasbourg, Ml de Fr., 1671-1745. In-8o. Buste dir. à g. *S. n. d. g.* 3.—

869 **Broglie** (Charles de), Mis de Dormans, Gouverneur d'Avesnes. Pièce autographe signée p. le Comte de Broglie. Avesnes 1677. Cachet. 6.—

870* **Broglie** (Maurice de), Evêque d'Acqui. Trois mandements ordonnant des Te Deum à l'occasion des victoires d'Austerlitz et d'Esslingen, 1805. 3 p. in-4o dérel. 5.—

871 **Portrait de Mgr de Broglie,** évêque d'Acqui, puis de Gand, 1766-1821. En rond. Portrait fort rare *dess. et gr. p. Quenedey en* 1810. 8.—

872* **Broglie.** Mandement de Messieurs les Vicaires généraux de Mgr Christophe de Beaumont archev. de Paris qui ordonne que le Te Deum sera chanté en action de grâces de la victoire remportée à Lutzelberg sur l'armée des Hessois par les Troupes du Roy, commandées par les Ducs de Broglie et de Fitz-James. 8 p. in-4o dérel. Pièce rare. 4.—

873* **Broglie** Rélation du Sabat tenu chez le maire Dietrich à Strasbourg pour l'arrestation des sieurs Loyauté, de Sylly, etc. « Ce jourd'hui... présens Mrs. Dietrich, Victor Broglie..., etc. » In-4o. 24 pp. n. r. Pièce très rare relative à l'arrestation des Strasbourgeois qui ont eu des rapports avec les émigrés d'Ettenheim (Duc d'Enghien). 5.—

874* **Broglie** (Duc de). De l'existence de l'âme. Liège, 1830. In-8o. br. n. r. 3.—
Voyez aussi no 798 et catal. II no 732.

875 **Browne** (G. Comte de), Général russe et autrichien. 1698-1792. In-4o. *Gr. p. Mansfeld.* Superbe épr. à t. m. 4.—

Brulart de Sillery (Maison noble de) Voyez catalogue II no 899.

876 **Brunet de Monforan** (François), Président en la Chambre des Comptes à Paris, mort en 1696. Gr. in-fol. *Fr. de Troy pinx. C. Vermeulen sc.* Magnifique épr. de ce beau et rare portrait. 20.—
Voyez aussi catalogue II no 817.

877 **Brunoy.** Pierre Ancise près de Lyon rendu aux citoyens en aoust 1789 et délivrance du Marquis de Brunoy. Pièce curieuse et rare, gravée au bistre en 1789. In-fol. obl. Quelques taches légères. 6.—

Bry (Théodore de). Voyez catalogue II no 335 et 336.

878 **Buchain** (Fr. A. Comte), Ev. de Neustadt en Bohême. In-fol. *Weigel sc.* Manière noire. 3.—

879 **Budes de Guebriant.** Représentation de la bataille des Impériaux sous Lamboy contre les Français sous Guébriant près de Hulst en 1642. Gravure allem. de l'époque. 4.—

880 **Bulow** (Barthold v.), Conseiller du Roi de Wurtemberg. In-fol. *Merting sc.* (v. 1710). Portr. rare avec beaucoup de blasons, dont ceux de Flotow, Ranzau, Alvensleben. 5.—

Bussy-Rabutin (Maison noble de). Voyez no 56 et 57.

881 **Caballero y Congora** (Ant.), Archev. de Cordoue. In-fol. Agustin p. Gr. p. Salvador Carmona 1796. Beau. 4.—

882* **Cabinet** (Le), dv Roy de France dans leqvel il y a trois Perles précieuses d'inestimable valeur : Par le moyen desquelles Sa Maiesté s'en va le premier Monarque du monde et ses suiets du tout soulagez. S. L. 1581. In-8o. Maroquin vert fil. tr. s. d. o. (Rel. anc.). Satyre très-vive et très-mordante par Nic. Barnaud de Crest en Dauphiné. Exemplaire du Duc de Valentinois avec sa signature sur le titre. 30.—

883 **Cagliostro** (Comtesse de). In-4o. Buste dans un ovale. Gr. p. J. Boydell en 1786. Beau. 8.—

884 **Calas.** La malheureuse famille Calas. Très-curieuse petite gravure représentant quatre personnages de différents sentiments devant le tableau de la malheureuse famille Calas. *Chodowiecki del.* Très-rare. 5.—
Voyez le no 365.

Calvayrac (Famille noble de). Voyez catalogue II, no 818.

885 **Camaduldes. Bianchi** (Ambr.), Cardinal en 1839. In-8o. *Morelli sc.* Beau, à t. m. 2.—

886 **Cambrai** (Louis Guill. de), Sieur de Digny, Directeur de l'épargne à Florence, né à Roye en Picardie en 1723. In-4o. *C. Faucei fec.* Superbe épr. avec les armes. Très-rare et nulle part cité. 15.—

Camus de Pontcarré (Maison noble de). Voyez catalogue II, no 819.

CANTATRICES

887 **Catalani** (Angélica). Pet. in-fol. *Drawn by Comerford, engr. by Schiavonetti.* Magnifique portrait publié en 1810 à Londres. 12.—

888 — In-4o. *Painted by Huet Villiers, engr. by Cardon* 1811. Beau. 6.—

889 — In-4o. Fig. entière debout. *Sergent Marceau dis., Rados inc.* Superbe portr. et une des plus rares pièces de Sergent de Chartres. 8.—

890 **Heinefetter** (Mademoiselle). In-4o. Jolie portr. *Gr. p. Stöber.* 2.—

891 **Sontag** (Henriette). In-8o. *Fleischmann sc.* T. m. 2.—

892 — In-4o. Charmant portr. *Gr. p. Stœber.* 2.—

893 **La Chantrie** (Mlle). de l'Opéra à Paris. Gr. in-fol. *Pierre fecit. Gillberg sculp.* Impr. en rouge. Beau et rare. 6.—

894 **Caprara** (J. B.), Nonce à Cologne, Vienne et Paris. 1733-1810. In-8o. Portr. au trait finement gr. avant la lettre. 2.—

895 — In-fol. Fig. ent. debout, en costume de cardinal. En couleurs. 3.—

CAPUCINS (Ordre des)

(Order of the Capuchin Monks.)

869 **Le véritable Portrait** de N. D. de la Paix colloquée dans le mur des Reuerands Pères Capucins, rue Saint-Honoré, l'an 1651. Curieuse et rare pièce in-4o. *Gr. p. Philippon.* Sans m. au bas. 4.—

897 **Bernard de Corona**, de Port Morice en l'Estat de Gènes, Général de l'Ordre. Pet. in-fol. aet. 73. *Steph. Gantrel sc.* 1680. 2.—

898 **Brindes** (Laurent de), Général. In-8o. Au bas 4 vers. *Portr. moderne.* 1.—

898 **Coesane** (le P. de), Général des Capucins (à Paris). In4o. *Cl. Mellan sc.* 1674 avec l'adr. d'Odieuvre. 2.—

900 **Flèche** (Timotheus de la), Capucin d. le Bigorre (Beritensis Antistes) In-fol. *L. Desplaces sc.* 1715. Sup. épr, rare. 6.—

901 **Joseph** (Fr. Le Clerc du Tremblay, dit le P.), Parisien, mort à Rueil. 1577-1638. Provincial de Touraine. In-8o. *F. Landry sc.* 3.—

902 — Le même portr. *avec l'adr. de Desrochers.* 2.—

903 — In-8o. *P. de Senn fec.* 1.—

904 — In-8o. *Cl. Mellan sc. suite d'Odieuvre.* 2.—

905 **Joyeuse** (Henri de), Comte de Bouchaye, Capucin sous le nom de Fr. Ange, Provincial de la prov. de Paris. 1562-1608. In-8o. *C. Fosset exc.* Rare; In-8o Odieuvre exc. Chaque portr. à 2.—

906 **Marc d'Aviano**, Prédicateur de Léopold Ier, guérit les malades par sa bénédiction. 1631-99. In-fol. *Amling sc., Monachii* 1680; In-fol. *Larmessin sc.* 1681. Chaque portrait à 2.—

907 **Marignano** (Fr. Nic. à St.-Jean à), général en 1859. In-8o. *F. Bernardus sc. Romæ.* 1.—

908 **Nicolas de Dijon** (Le P.) Provincial de la prov. de Lyon. 1629-94. In-fol. *S. n. d. g. et s. m.* 1.50

909 **Pembroke** (P. Archange de), Définiteur de la prov de Paris. 1564-1631. In-8o. *Publ. by Richardson v.* 1790. Rare. 2.—

910 **Radkersburg** (Erhard de), Général. In-fol. *Cunego sc. Romæ* 1780. 2.—

911 **Vincent de Troyes** (le P.), Prédicateur à Paris 1617-1691. In-4o. *P. R. f., P. Peron pinx.* Beau. 2.—

912 **Wasserburg** (Jordan à) Visitateur en France, Espagne et Allemagne. 1669-1739. In-fol. *J. Weiss del, G. de Steinberg sc.* Rare. 3.—

913 **Yves** (le P.), Parisien, Gardien. 1593-1678. In-4o. *Cl. Mellan del. et sc.* 2.—
Voyez aussi catalogue II nos 737 et 805.

---

914 **Canaletto.** Collection de 33 vues de Venise, dessinées par Canaletto, Batisti, Mariechi, Henri Joinville etc., gr. p. Giampiccoli. Suite très-intéressante spirituellement dessinée et représ. des vues de Venise vers la fin du 18e siècle. Chaque vue est ornée des armes des princes et seigneurs de Venise. 8.—

915 **Caraman.** Monument funénaire de Henri IV, dédiée à M. Victor Comte de Caraman, p. M. de la Salle. Gr. in-fol. Belle pièce. *Gr. p. Née*, avec des armes de Caraman. 8.—

916* **Caricature** (Histoire de la), et du Grotesque dans la littérature et dans l'art par Thomas Wright. Paris 1875. Gr. in-8o. br. n. r. 8.—
Avec 238 grav. sur bois. Publié à 12 fr.

Caricatures de la Révolution (1790-93. Voyez catalogue II, nos 420, 551, 538. Catalogue présent nos 11, 86, 246, 247, 248, 281, 370, 371, 372, 936.

Carmélites (Ordre des). Voyez catalogue second, page 44.

CARMES (Ordre des)

Ordre of the Carmelite friars.

917 **Bourard** (R. P.), Religieux Carme, assassiné par les Communards le 25 mai 1871. In-4o. ovale. Peinture à l'huile. 3.—

918 **Cassini** (Grov.), Carme de Frascati, architecte du Mont Carmel. In-fol. *Lith. en couleur p. L. Springer à Leyde.* 2.—

919 **Elisée** (le P.), de Besançon, Prédicateur du Roi, mort à Pontarlier en 1783. In-4o. *Dessiné par Brossard de Beaulieu, gr. p. Pasquier et Viel.* Beau. 2.—

920 **Germain de St-Thérèse**, Ex-Provincial à Pars. 1635-1717. In-fol. *Guerry pinx., Duflos sc.* Rare. 5.—

921 — Même portr. à petite marge. 3.—

922 **Geronimo Gracian de la Madre de Dios**, Supérieur, né à Volladolid, mort à Bruxelles. 1545-1614. In-fol. *Eraso p., Esteve sc.* Superbe épr. à t. m. 3.—

923 **Juan de Jésus Maria**, Général de l'Ordre en Italie. 1564-1615. In-fol. *Manuel Eraso p., M. Albuerne sc.* Très-beau. 3.—

924 **Hyacinthe Loisel** (le Rév. P.). In-fol. *P. Petit phot., H. B. sc.* 1867. Le même portr. en couleurs 1868. Chaque portr. à 1.50

925 — In-4o. *Lith. de H. Rousseau.* 0.50

926 **Paulin de St-Barthélémy** (le P.), Mission. apost. à la côte Malabar 1796. In-8o s. n. d. g. Buste dir. à g. 2.—

927 **Sanson** (Jac.), en religion Ignace Joseph de Jésus Maria, né à Abbeville. 1596-1666. In-4o. *Lith. Vitoux.* 1.—

928 **Sylveira** (J. de). Beau portr. In-fol. *Gr. en* 1681 *p. Houat.* Texte au verso. 1.50

929 **Vue du Couvent de Vienne** en Autriche. *Gr. p. Corvinus en* 1687. 2.—

930 **Vue du Couvent de Venise.** *Gr. p. Giampiccoli vers* 1780. 2.—

931 **Vue du Couvent de Bruxelles.** Superbe pièce. *Gr. p. Blokh v.* 1680. Gr. in-fol. 5.—

932 **Dominique de la Ste-Trinité** (le P.), Parisien, 19e général des Carmes. 1616-89. In-8o. Buste dir. à dr. Au bas 4 lignes. S. m. Très-rare. 3.—

---

933 **Carondelet** (Jean de), Chancelier de Bourgogne, mort en 1501. In-4o. *G. Benoist sc.* 2.—

Cars (Laurent), Graveur lyonnais. Voyez une partie de son œuvre, catalogue II, page 32.

934 **Cartagena** (Don Alfonso de), Ev. de Burgos. 1381-1456. In-fol. *M. Eraso del., Man. Carmona sc.* T. m. 3.—

937* **Castille** (Contract faict et passé le vingtneufiesme iour de May 1596 entre les Archeuesques, Euesques et Deputez du Clergé de France et M. Philippe de), Receueur général du Clergé. 21 p. in-8o dérel. Pièce rare. 5.—

938 **Castries.** Plan du combat près de Clostercamp le 16 Xbre 1760 entre les Alliés et le corps du Marquis de Castries. In-fol. obl. Rare. C'est à Clostercamp qu'est mort le chevalier d'Assas. 3.—

939* **Cayer.** Responce de Maistre Victor Pierre Cayer cy deuant Ministre au liuret intitulé : Aduis sur vn point de la lettre de M. Cayer. Paris 1596. 32 p. pet. in-8o dérel. 3.—

940 **Célestins. Du Bois** (J.), Parisien, abbé de Beaulieu en Argonne, mort 1626. In-4o. *Desrochers.* 2.—

941* **César.** C. Jvlii Cæsaris rervm gestarvm commentarii XIV.. ex mvsæo et impensis Jacobi Stradæ, Francoforti ad Mœnvm 1575. In-fol. Reliure en veau aux armes du Cardinal de Richelieu. Nombr. fig. s. bois, lettres ornées. Bel exempl. dédié à Albert Comte Palatin avec ses armoiries gr. sur bois. Reliure restaurée. 8.—

942 **Cesarotti** (Melchior), Littérateur, 1730-1808. In-4o. Assis. *Bosio dis., Sasso inc.* 3.—

943 **Cespedes** (Pablo de), 1538-1608. Peintre et poète espagnol. In-fol. A mi-corps. *Enguidanos lo grabo.* 3.—

Chabot (Maison noble de). Voyez no 687.

944 **Chabran** (le Cheval. de), Capitaine au Corps royal d'Etat major. In-4o. Buste dir. à dr. *C. L. P. fec.* 1820. Lithogr. rare. 3.—

Chalvet de Rochemontée. Voyez catalogue II, no 878.

945 **Chambrier** (J. B. de), 1686-1751. In-24. Petit portr. fort rare s. n. d. g. 2.—

Charette (Maison noble de). Voyez catalogue II, no 427.

946* **Charles I.** Les Larmes et complaintes de la Reyne d'Angleterre sur la mort de son espoux à l'imitation du Sieur de Pibrac par David Ferrand. Paris 1649. 8 p. in-4o. Pièce rare. Fortes mouillures. 3.—

947 **Chasses.** Chasse au marais — Chasse à la bécasse. Deux lithogr. rares in-fol. obl. *par C. de Last.* Ensemble 4.—

948 **Chasse ancienne.** Curieux dessin de forme oblongue dans la manière de *Tempesta.* A l'encre de chine et à la sépia. 10.—

Chastellux (Maison noble de). Voyez catalogue II, no 724.

949 **Chastenay-Lanty** (Henri Louis Comte de), Pair de France. In-fol. Beau portr. *Lith. p. H. Grevedon* 1837 *d'après Horace Vernet.* 3.—

950 **Chateaubriand** (Comte F. Aug. de). In-4o. *Lith. de Villain.* 2.—

951 **Château-Giron** (Messrs de), Père et fils. In-24. 3 jolis portraits en rond. *Gr. au physionostr. p. Chrétien et Quenedey.* 12.—

952* **Chateauneuf** (Advis important de M. de), donné avant le départ de Sa Majesté de Fontainebleau. S. l. 1641. In-4o. 16 p. 2.—

953 **Chatel** (Abel), Fondateur de l'Eglise catholique française. In-8o. *Paris chez Martinet;* In-4o. *Lithogr. de Grailly* 1835. Chaque portr. à 1.50

954 — In-4o. Quatre portraits par *Llanta, Legrand, Maurin.* Ensemble. 2.—

955 **Chateauroux** (Marie Anne de Mailly duchesse de), épouse du Marquis de la Tournelle, morte en 1745. In-fol. obl. Personnifiée dans la Force. Superbe portr. peint p. Nattier, gr. p. Balechou. Magnif. épreuve. 20.—

956 **Chaulieu** (Guill. Amfrye, Abbé de), Poète né en 1639 à Fontenay d. le Vexin, mort en 1720. In-4o. *Gr. p. Ficquet.* 2.—

957* **Chemins de fer.** Description raisonnée et

vues pittoresques du Chemin de fer de Liverpool à Manchester, publiées par Moreau. Paris 1831. In-4o. br. Ouvrage rare contenant de curieuses planches avec les types des premiers chemins de fer. 6.—

Chenu (Maison noble de). Voyez catalogue II, nº 879.

963* **Chevreuse. L'Enfer bvrlesqve** ov le sixiesme de l'Enéide travestie et dédiée à Mademoiselle de Chevreuse. Paris, 1649. 36 p. In-4o. dérel. Pièce rare en vers. 3.—

964* — **Journal du Siège de Berg-op-Zoom,** commandé par le Comte de Lœwendal et le Duc de Chevreuse en 1747. 17 p. de texte et 1 pl. Gr. p. Weiss. In-4o. 2 50

965 — **Plan du Combat** près de Sœst entre les Hanovriens et le corps du Duc de Chevreuse le 17 oct. 1758. In-fol. obl. 3.—

966 — **Vue du Palais de Chevreuse** du côté du Jardin. In-fol. obl., grav. v. 1660 par Merian. 2.—

967 **Chimay** (Madame de). In-fol. Debout. *N. de Largillière inv.*, *J. van den Bruggen fec.* 1682. Superbe épr. en manière noire. Rare. 8.—

Chimistes. Voyez Astronomes.

Chine. Voyez catalogue II, nº 735.

968 **Chivry.** Préparatifs pour aller au deuant du Roy et de la Royne à leur retour à Paris. Paris 1616. 8 p. pet. in-8o. dérel. Pièce fort rare et curieuse contenant l'ordre de la Milice de Paris, commandée par le Président du Chivry. 4.50

Cisternay du Fay (Maison noble de). Voyez catalogue II, nº 820.

969 **Christyn** (Jean Bapt.), Chancelier du Brabant, mort à Bruxelles en 1690. In-fol. *P. Van Schuppen ad viv. del. anno* 1682 *et sc.* 1700. Beau. 5.—

970* **Chronogrammes** (Réunion de 13 brochures publ. à Leipzig en 1738 et années suiv. et conten. la descr. de diverses médailles avec des). Chaque broch. de 8 p. In-4o. Fig. dérel. Le tout. 3.—

971 **Cicéron. M.** Tvlli Ciceronis opera omnia. Præter hactenus vulgatam Dionysij Lambini editionem, accesserunt D. Gothofredi J. C. note... Lvgdvni sumptibus Sybillac à Porta 1588. Tr. gr. in-8o. presque In-4o. Prèsde3000p. imp. à deux colonnes. Vél. Edition rare, ornée de riches bordures, lettres ornées etc. Au milieu de la reliure est représenté l'enfant Jésus avec le chiffre H. J. S. 1588; au verso un morceau de parchemin est enlevé. Cette édition est dédiée à l'électeur Frédéric IV par le Jurisconsulte Denis Godefroy, en marque de reconnaissance de la protection qu'il trouva à Heidelberg lors de sa fuite hors de France. 15.—

981* **Claverger** (Sonnets divers par Maistre Jean), Conseiller et Maistre des Requestes de la feuë Royne Marguerite. S. l. 1624. In-8o. 8 p. Rare. 3.—

982* **Claves** (de). Arrest de la cour du Parlement contre les nommez de Claues, Villod et Bitauld pour les Theses de Philosophie par eux publiées en ceste ville de Paris. 1624. 6 p. pet. in-8o dérel. 2.—

983* **Clément VIII.** Les Cérémonies et prières qvi se font à l'ovvertvre des portes Sainctes des quatre Eglises de la ville de Rome pour l'an du Jubilé. Jouxte la copie imprimée à Angers, à Paris 1599. 15 p. in-12 dérel. 2.50

984* **Clergé de France. Remontrances du Clergé** de France assemblé en 1788. Bayeux 1788, avec les armes de Mgr de Cheylus. — Edit du Roy concernant ceux qui ne font pas profession de la Religion catholique 1787. Deux pièces rares in-4o. 2.50

985* — **Réunion de 28 brochures,** arrêts du Parlement, Ordonnances, Mandements etc. relatifs aux affaires religieuses du 18e siècle, principalement à la Bulle Unigenitus. In-4o n. r. et dérel. Collection intéressante pour les villes d'Orléans, d'Amiens, Lyon, Bordeaux, Toulouse, etc. 4.—

986* — **Réunion de 12 brochures,** mandements, harangues relatifs aux affaires relig. du 18e siècle. In-4o dérel. (concernant les villes de Séez, Montpellier, Angers, Luçon, Bayeux, etc.) 3.—

987* — **Recveil des remonstrances,** edicts, contracts et autres choses concernans le Clergé de France. Paris, Jean Richer, 1596. Pet. in-8o dérel. Collection fort curieuse contenant les Remontrances de Mgr A. de Pontac, Nic. l'Angelier, etc., et intéressant les villes de Bazas, St.-Brieuc, Bourges, Noyon, Le Mans, Melun, Lyon, Bordeaux, Aix, etc. 5.—

988* **Clermont-Gallerande** (Journal du siège d'Ath commandé par le Cte de) en 1745. In-4o. Plan gr. et 2 p. de texte. 2.—

989* **Clermont-Condé** (Journal des sièges de Furnes et d'Anvers commandés par le Comte de) en 1744. 2 plaquettes in-4o. Plans p. Striedbeck. 3.—

990 **Clermont Mont St-Jean** (Jac. de), né en Bresse, mort à Vichy, 1752-1827. In-4o. *Courbe sc.* 1789. T. m. 2.—

991 **Clermont-Tonnerre** (Claude Catherine de), fille de Claude et de Jacques de Vivonne, épouse d'Albert de Gondi, morte en 1603. In-4o. *Pezey pinx., Cl. Duflos sculp.* Beau. 8.—

992 — **Plan de la bataille de Crefeld** entre les Hanovriens et le Corps du Comte de Clermont le 23 Juin 1758. In-fol. obl. 3.—

993 — **Vue de la bataille de Lawfelt** gagnée par le Roi Louis XV le 11 Juillet 1747. Gr. in-fol. obl. Dess. p. Brossard, gr. p. Guélard. On trouve cités à la légende les noms de Clermont-Tonnerre, La Tour du Pin, Ségur, La Fare, Monaco, Brancas. 6.—
Voyez aussi nos 67 à 69.

994 **Closen.** Plan de la Bataille de Grunberg entre les Hanovriens et le Corps français du Baron de Closen le 21 Mars 1761. In-fol. obl. 3.—

995 **Clugny** (Terri de), Cardinal sous Charles VII. In-4o. Fig. ent. en costume de Card. *Gr. p. Martinet.* 2.—
Voyez aussi catalogue II, no 800.

996 **Cœtlogon** (le Maréchal de). In-4o. Dess. p. Graincourt en 1780. *Gr. p. Hubert.* 2.—
Voyez aussi no 385.

997* **Cœtlogon** (Charles Edouard de), Prédicateur célèbre, mort en 1820. Collection de 21 ouvrages, traités, sermons en englais pub. par M. de Cœtlogon à Londres de 1772 à 1820. Ensemble 21 volumes. In-8o. et in-12, brochés ou dérel. 22.—
Réunion importante, à peu près tous les écrits de M. de Cœtlogon, très-rare en France.

Cœuvres (Maison noble de). Voyez no 660.

998* **Coffin** (Principal du Collège de Beauvais), Mémoire à consulter relatif à un refus du curé de St-Etienne du Mont d'administrer les derniers sacrements. Réunion de 3 pièces. In-4o. 2.—

999 **Colbert** (Général de). Bataille de Villafranca le 5 janvier 1809 et mort du général Colbert. Curieuse image populaire de l'époque en couleurs. Paris chez Chereau. 4.—
Voyez aussi no 70 et catalogue II, no 1041.

Collin. Graveur Luxembourgeois. Voyez catalogue II, no 1050.

1000 **Colloredo** (Lander Cardinal de). In-4o. *Blondeau sc.* 1686. 2.—

Colonies françaises. Voyez catalogue I et II.

1001 **Colonna de Sciarra** (Prosper Cardinal). In-fol. *Pompeius Battoni pinx., J. G. Wille sc.* 1754, æt. 46. Seconde épreuve avec les 4 vers et avant les armes. Très-rare, mais sans marges. 6.—

1002 **Colonna** (Charles Card.), né en 1665 à Rome. In-fol. *Kolb fec.* 2.—
Voyez catalogue II, no 999.

1003* **Concile de Trente** (Conseil svr le faict dv), par Messire Charles dv Molin... à très-hault Prince Monseigneur Antoyne de Croy, Prince de Porcian. Lyon 1564. 40 p. Pet. in-8o. avec 3 autres brochures en français sur le même concile. Ensemble 4 pièces pet. in-8o. cartonnées. 4.—

1004 **Condé** (Henri II de Bourbon Prince de), né à St-Jean d'Angély en 1588. In-4o. *Gaillard sc. avec le joli cartouche de Babel.* 2.—

1005 **Condé** (Henri I de Bourbon-), né à La Ferté sous Jouarre, mort à St-Jean d'Angéli 1588. In-4o. *Aubert pinx.* 2.—

1006 **Condé** (Louis II de Bourbon-), le Grand Condé, Gouverneur de Guyenne. Berry, Duc d'Enghien, de Châteauroux etc. 1621-86. Pet. in-fol. *Sergent del., Ridé sc.* 1787. Superbe épr. en couleurs. 6.—

1007 — In-fol. A cheval, couronné par la victoire. Superbe portr. *Gr. p. Moitte d'après Godefroy*, avec l'inscr. « Fœliciter audax ». 6.—

1008 — In-fol. *J. Lubin sc.* Sup. épr. sur papier fort. 5.—

1009 — In-fol. Richelieu et le Grand Condé. Très-jolie eau-forte. *Dess. par A. D. et gr. p. L. C. vers* 1860. avant la lettre. 3.—

1010 **Condé** (Louis Jos. Prince de), né à Chantilly en 1736. Gouvern. de Bourgogne. Mari de la Princesse de Rohan et en secondes noces de la Princesse de Monaco. In-4o (*gr. p. Le Beau*) à t. m. 4.—

1011 — In-4o. Debout en costume de guerre. *Bosio del., Torchiani inc.* Portr. rare gr. vers 1795. 4.—

1012* **Condé. Explication** de la Généalogie du très-hault Henri Prince de Condé, recueillie en latin par R. O. F. Jos. Tex. et mise en françois par J. D. M. (De Montyard). Paris 1596, pet. in-8o vél. Pièce fort rare relative aux maisons de Condé et de La Tremouille. Lég. mouillures. 9.—

1013* — **Collection** de 24 plaquettes pour et contre le Prince Henri II de Condé, imprimées en 1614 et 1615. (Réponse de la commvnauté de Gentilly au Manifeste de M. le Prince — Arrest de la Cour du Parlement contre le Prince de Condé 1615 — L'hevrevse trompette povr la paix 1615, etc. etc.). 20.—

1014* — **Réunion** de 11 plaquettes histor. de 1614 relatives au Prince de Condé.) (Remonstrance du Politic aux 3 estats 1614 — La lettre du fidèle François, etc.). 6.—

1015* — **Discovrs** svr l'estat présent des affaires dv Royavme 1610 — Remonstrance faicte svr les esmotions de ce temps 1616. Ensemble 5 pièces curieuses. Pet. in-8o. déreliées. 6.—

1016* — **Lettre** dv Prince d'Orange en forme de remonstrance : envoyée à Monsieur le Prince de Condé. Paris 1615 Petit in-8o. 16 p. dérel. 2.—

1017* — **Les vœux des Princes** aux pieds du Roy ov les promesses par eux faictes à sa Majesté au Chastau du Bois de Vincenne. Paris 1617, 8 p. pet. in-8o. Plaquette rare. 3.—

1018* — **Réunion** de 14 plaquettes satyriques relatives a la détention du Prince de Condé 1649-51. Le Movchoir pour essuyer les yeux de Monsieur le Prince de Condé — Lettre dv chevalier Georges de Paris — Le nouveau de Profvndis de Jvle Mazarin av Prince de Condé etc. In-8o. dérel. 9.—
Voyez aussi no 825.

1019* **Contades.** Journal des sièges de Hulst et d'Axel, commandés par le Marquis de Contades en 1747. 2 pièces rares in-4o. avec plans gravés par Weiss à Strasbourg. 5.—

1020* — The Ducke of Belleisle's letters to Marechal de Contades. London 1759. In-8o. dérel. rare. 5.—
Voyez aussi no 798.

1021* **Conti.** L'Eloge de Mgr le Prince de Conti. Paris 1649, 7 p. En vers. L'Espérance des bons villageois sur les heureux progrez des armées Parisiennes conduites par les Princes de Conti, Beaufort, Elbeuf. Paris 1649. 2 p. in-4o. dér. 3.—

1022 **Conti** (Fr. Louis Prince de). 1664-1709. In-4o. *J. Tardieu sc. d'après Rigaud*, avec le cartouche de Babel. 2.—

1023 **Conti** (Louis Fr. Jos. de Bourbon, Prince de), Comte de la Marche, né en 1734. In-4o. Buste dir. à g. *S. n. d. g.* (*Le Beau*). 4.—

1024* **Conti** (Journal du siège de Mons commandé par le Prince de) en 1746. In-4o. Plan gravé et 4 ff. de texte. 2.—

Coqueret (famille noble de). Voyez cat. II no 1027.

1025 **Corday** (Charlotte) née à St.-Saturnin (Orne) en 1768, assassina Marat, exécutée en 1793. In-24. A mi-genoux. *Gravé par Verhelst.* 3.—

1026 — In-4o. Assise sur un rocher, le couteau à la main, *Bosio dis. et inc.* Un des plus rares portr. de Charl. Corday. 10.—

1027 — In-8o. *Bréa pinx., Lips sc.* R. 3.—

1028 — In-fol. Curieuse affiche de théâtre pour les représentations de Mlle Duverger, Assassinat de Marat d'après le tableau de Baudry, Salon de 1861. Lithographie rare. 4.—

Cordouan (Maison noble de). Voyez catalogue II no 440.

1029 **Corniari** (Comte Gio Battista). In-4o. Assis. Bosio dis., Sasso inc. 3.—

1030* **Cosnac** (Daniel de), Evêque de Valence et Die. Harangue faite au Roy le 14 juillet 1685. Paris 1685. 10 pp. in-4o. dérel. Pièce fort rare. 4.—

COSTUMES

1031* **Le Cortège à l'occasion des Noces d'argent** de l'empereur et de l'impératrice d'Autriche en 1879. 40 magnifiques planches brillamment exécutées en couleurs d'après les aquarelles de Stædlin. Gr. in-fol. obl. Dans la couverture originale. Une des plus belles publications dans ce genre. Les planches représentent tous les corps de métiers avec leurs insignes. Ce cortège célèbre a été dirigé par Hans Makart. 50.—

1032* **Briefve histoire de l'institvtion** de tovtes les religions auec leurs habits grauez par Odoard Fialetti, Bolognois. Titre gravé et 45 pp de texte dédiés à M. de la Porte avec ses armes. Charmant titre et 72 pl. spirituellement gravées par Fialetti. Veau fil. d. o. Superbe exemplaire. 30.—

1033* **Les funérailles de Georges II, Landgrave de Hesse.** Darmstadii, typis Chr. Abelii 1662. In-fol. vél. Magnifique publication contenant 90 grandes planches représentant les portraits des Landgraves et Landgraviennes de Hesse, ainsi que l'ordre des funérailles de Georges II. Ces planches sont très intéressantes sous le rapport de l'histoire du costume, elles sont gravées par J. Schweizer. 50.—

1534* **Costume de l'Empire russe** représenté en plus de 70 gravures splendidement coloriées. Londres, Stockdale 1811. In-fol. mar. bleu foncé fol. tr. d. d. o. Superbe publication contenant un beau frontispice et 70 jolies planches de costumes gr. p. Harding. 30.—

1035 **Collection de 13 planches de costumes** de Tyroliens et de Tyroliennes gr. p. Georg

Laminet v. 1780. En couleurs. In-8o. Ensemble 5.—

1036 « **Françoises devenues libres** ». Curieuse pièce de la Révolution, représ. une jeune femme en costume militaire. En couleurs In-4o. S. n. d. g. T. m. 5.—

1037 « **L'Après-Midy. — Le Soir.** » 2 pièces formant pendant, dessinées par Huet, gr. p. Kolmen. In-fol. Jolis modèles de chapeaux. Les deux 8.—

1038 **Curiosité du 18e siècle.** Modèle d'une marionnette. Riche costume de 1780, en couleurs. Les pièces de ce genre sont très rares. 15.—

COSTUMES MILITAIRES

1039 **Etat nouveau** de toutes les troupes tant régulières qu'irrégulières de l'Impératrice de toute la Russie, comme elles étaient effectivement l'an 1758. Gr. pl. in-fol. avec les noms de tous les régiments, leur colonels et leurs couleurs. De toute rareté. 12.—

1040 **Costumes militaires russes** de l'époque de la guerre de Sept ans. Suite de 16 pl. numérotées, in-8o. coloriées à l'époque et rehaussées d'or et d'argent. De la plus plus grande rareté. 40.—

1041* **The military costume of Turkey.** (Les costumes militaires de la Turquie). London 1818. In-fol. Portrait de l'Ambassadeur Antonaki Ramadani, vign. s. le titre et 30 costumes militaires fort bien gravés en couleurs, dem, mar. coin, non rogné. Superbe exempl. Manque le portr. du Gr. Vizir. 30.—

1042* **Règlement** concernant les uniformes des généraux et officiers des états-majors des armées de la République française. Paris s. d. br. n. r. Volume fort rare orné de 12 grandes planches dess. p. Challiot, gr. p. Godefroy. Avec la carte d'adresse de Watrin, Marchand de galons à Paris. (86) 28.—

1043* **Menzel** (Adolphe). Le temps de Frédéric II. Portraits de Frédéric et de ses généraux, gravés sur bois par Ed. Kretschmar. In-fol. 12 portr. Publication splendide contenant les portr. de Frédéric II, prince Henri, Dessau, Brunswick, Schwerin, Keith, Winterfeldt, Seydlitz, Zieten, Eugène de Wurtemberg, Belling et La Motte-Fouqué. 10.—

1044 **Campement des Français en Egypte,** commandés par le général Bonaparte. — Campement des Autrichiens. — Campement des Volontaires Anglois visités par Pitt. Suite de 3 planches rares en couleurs, gr. p. Zaffonato et Zaucon d'après Novelli. Quelques taches d'humidité. Ensemble 16.—

1045 **Garde Nationale.** (Loi relative à l'organisation de la), Curieuse pièce. Gr. in-fol. obl. Gr. vers 1824 avec les costumes de la Garde. En couleurs. 4.—

1046 **Principaux uniformes** de la Garde Nationale en Septembre 1830. In-fol. obl. En couleurs. Paris chez Ardet. 3.—

1047 **Tableau critique** de l'Europe ou les Nations telles qu'elles sont toutes. Costumes militaires de toutes les Nations. Paris chez Charon et Martinet. En coul. 8.—

1048 **Les Aigles brûlées.** Les Braves de la Vieille-Garde brûlant les Aigles et buvant leurs cendres. Très-jolie pièce. In-fol. obl. finement gravée vers 1815. 3.—

Voyez aussi Etats militaires.

1049 **Courses aux taureaux.** Suite de 7 aquarelles in fol. obl. dess. vers 1800. Collection très-curieuse. 15.—

1050* **Courtenay.** Reqveste présentée av Roy par Mess. de Courtenay le quinziesme Januier mil six cens trois, 5 p. — Discours svr la genealogie et maison de Covrtenay issve de Lovys le Gros, sixiesme du nom Roy de France. Paris 1603. 49 p. 2 pièces pet. in-8o. Couv. en papier. Très-rares. 10.—

1051* **Courtin de Torsay.** (Carnet de notes de l'époque Louis XVI ayant appartenu à M). Commis principal de marine, avec son nom frappé sur les plats et sa carte de visite. In-8o. 5.—

Couvay (Maison noble de). Voyez catalogue II, no 821.

1052 **Covarrubias y Leyva** (Ant.), 1524-1602. Humaniste espagnol. In-fol. A mi-corps. *J. Maa p., J. Ballester sc.* 3.—

1053 **Créquy** (Paule de Gondy, épouse de Emau. de). In-4o. A mi-corps, debout. *Pezey pinx., A. Duflos sc.* 8.—

1054* **Cressonnières.** Epistola M. Arthvsii de Cressonnieriis Britonis Galli ad Dominum de Parisius super attestatione sucr instificante, et nitidante Patres Jesuitas. Francofurti 1610. Pet. in-8o. dérel. 5.—
Plaquette très-rare de 37 p. relative au R. P. Pierre Coton et à la Compagnie de Jésus. Déchirure au titre raccommodée.

1055 **Crillon.** Vue du Fort St-Philippe et de l'Entrée du Port-Mahon dans l'Isle Minorque dans l'état où il est actuellement depuis l'invasion des Espagnols aux ordres de M. de Crillon le 19 aoust 1781. 2 gr. planches in-fol. obl. Images populaires de l'époque. 10.—

1056 — **Siège de Gibraltar.** Petite grav. très-rare in-4o. obl. Dans les quatre Coins de très-jolis portraits du Duc de Crillon, Dom Cordova, Comte d'Artois et le Duc de Bourbon. Paris chez Mlle Marie 5.—

1057 **Crottat** (le Cheval de). In-4o. Buste dir. à g. C. L. P. fecit 1823. Lith. de Moitte. Au bas les armes. Avant la lettre. 3.—

1058* **Croy** (Anne Princesse de), Description en allem. d'une médaille avec son portrait et sa biogr. Leipzig 1744. 7 p. in-4o. dérel. (132) 2.—

Voyez aussi no 1003.

CUISINE

1059* **Evangelicæ historicæ,** sive de Deo homine libri qvatvor heroico uersu elegantiss. descripti Baptista Fiæera Mantuano Theologo Autore. Eiusdem Hymni diuini, ac cœna, libellus ut elegantissimus, ita lectu utilissimus. Basileæ s. v. Pet. in-8o. maroquin rouge fil. tr. d. d. o. (Reliure ancienne). Livre de cuisine de la plus grande rareté, le privilège du Pape Adrien VI est daté de 1522, année dans lequelle cet ouvrage parait être imprimé. Dans le même volume: Divi Pavlini episc. Nolani opera omnia Coloniæ apud Maternum Cholinum 1560. Cet exempl. provient de la Bibl. Colbertine. 22.—

1060* **Zosimi Panopolitani** de Zythorum confectione... scripsit Ch. G. Grasser. Solisbaci 1814. In-8o. dem. rel. Traité rare sur la fabrication de la bière en latin et en grec. 4.50

1061* **De tvenda bona valetvdine,** libellus Evbani Hessi, commentarijs doctissimis illustratus a Joanne Placotomo, in Academia Regiomontana Prof. Francofurti apud Ch. Egenolphum 1551. 117 f. — De conservanda bona valetvdine opusculum Scholæ Salernitanæ ad Regem Angliæ uersibus conscriptum: Cum Arnoldi Nouicomensis, Medici... enarrationibus. Opera et studio Joannis Curionis et Jacobi Crellij Francofurti apud Ch. Egenolphum. (1545). 2 ouvrages réunis en un volume Pet. in-8o. Veau d. Deux ouvrages de toute rareté. Le dernier est orné d'une multitude de charmantes figures sur bois. 40.—

1062* **Propos de table** par M. L. B. de M*** Montpellier 1705. In-8o. Couverture en papier. Pièce en vers fort rare à laquelle on a joint le joli portrait original de Grimod de la Reynière par Quenedey à qui la première épitre est dédiée. 6.—

1063* **Dissertation** sur le café, son historique, ses propriétés etc. par A. Alex. Cadet de Vaux, suivie de son analyse p. Ch. L. Cadet. Paris 1707. Pet. in-8o. d.-rel. 2.—

1064* **Della famossima compagnia** della Losina... Con la giunta d'vna nuoua riforma. Trivigi 1601. In-4o. vél. 6.—

1065* **Collection** de 19 traités et livres divers sur l'art culinaire la plupart en anglais, quelques-uns en italien et en français par Steochetti, Soyer, Hill (How to dress III Salads), Lady Cluttenbruck, Périgord, English Cookery 500 years ago, Elize Melrœ 1798, Appert, Berchoux (Gastronomy by) a pœm etc. Réunion intéressante avec beaucoup de pièces rares. 20.—

Voyez aussi no 465, 475.

Custine (Maison noble de). Voyez catalogue II, no 446.

1066 **Dampierre** (A. H. M. Picot Mis de), né en 1756, mort à Famars en 1793. In-8o. *L. A. Clæssens sc.* 2.—

1067 **Danckelmann** (Eberh. Baron de), Ministre, 1643-1722. In-4o (*gr. p. Wolffgang*). 1.50

DANSE

1068 **Noverre** (J. G.), Parisien, mort à St.-Germain, Choréographe, Maitre de ballets de l'Opéra à Paris, Lyon et Londres, 1727-1810. In-8o. *Guérin del., B. Roger sculp.* Superbe épr. à t. m. 5.—

1069 — In-4o. Buste dir. à dr. *Drawn and engr. by J. K. Sherwin.* Superbe épr. de ce beau et rare portr. 15.—

1070 **Oliva** (Papita de), célèbre danseuse à Vienne. In-12. Charmant portr. en couleurs *gr. p. Boguer vers* 1840. 4.—

— Epreuve en noir. 2.—

1071 **Vigano-Terpsichore.** In-fol. *J. Dorffmeister pinx., L. Pfeiffer inc.* 1794. Superbe épr. de ce beau portr. de femme (Mlle Vigano était première danseuse à l'Opéra de Vienne.) 10.—

1072 **Ballet du Prince de Salerne** exécuté à Fontainebleau en Novembre 1746. Pet. in-fol. *Marvié delin., Horeolly sculp.* Superbe épr. de cette charmante pièce. 15.—

DANSES DE MORT

1073 **La Mort comme égorgeur** (Première apparition du choléra à un bal masqué à

Paris en 1831) — **La Mort comme ami.** Deux grav. sur bois formant pendants. *Alfred Rethel del., Steinbrecher et Jungtow sc.* 1851. In-fol. Les deux 6.—

1074 **Une Danse de mort de l'année 1848,** *inventée et dessinée par Alfred Rethel,* avec texte par Reinick. 6 figures sur une planche immense. Très rare aujourd'hui. Cette danse de mort est considérée comme une des plus puissantes conceptions qui aient été faites dans ce siècle. Voyez Champfleury, l'Image populaire. 10.—

1075 **„Heute roth, morgen tod".** Aujourd'hui vivant, demain mort. Superbe composition de *Neureuther.* In-fol. La gravure originale très rare avant les noms des artistes. 5.—

1076 **Le Chevalier de la Mort** (Portr. de Franz von Sickingen). Reproduction de la gravure de *Durer.* In-4o. 1.50

1077 **„Ils tuent, meurent et rient".** *H. de Grandmaison del. et sculp.* Jolie eau-forte gr. vers 1870. 3.—

1078 **Hæc porta** Domini Justi intrabunt per eam. Curieuse pièce in-4o reprès. la mort avec arc et flèche. *Saron del., J. Renner sculp. vers* 1670. 3.—

1079 **Le Passaige du Monde.** Den deurganck des Weerelts. A Huberti exc. cum Priv. Regis Buschère. Pièce très rare in-fol. gr. vers 1590 dans la manière des De Bry. On voit dans un globe marcher vers la mort une foule d'hommes et de femmes de toutes les classes de la société, soldats, papes, empereurs, amoureux, fous, mendiants, capucins, marchands d'oiseaux, nourrices, paysans, savants, etc. En haut la scène du dernier jugement. 15.—

1080 **Le dernier Jugement.** Magnifique gravure de *Léonard Gaultier* d'après le tableau de *Michel Ange.* In-fol. En haut le portr. médaillon de Michel Ange. 10.—

1081 **La mort et le gentilhomme.** Belle gravure de *Théodore Galle* avec 8 vers en français. 5.—

1082 **La marche des soldats.** Belle gravure de *Jean Théod. de Bry,* en forme de frise. *Jer. Wolff exc.* 10.—

1083 **L'enfer du Dante.** Suite de 39 planches *gr. p. Hummel d'après Flaxmann.* In-fol. obl. 6.—

Voyez aussi no 665 et cat. II, no 905.

1084 **Dante Alighieri,** Poète, 1265-1321. Réunion de 7 portraits avant et avec la lettre *gr. p. Sisco, Littret 1767, Garavaglia, Dien, Bartsch* 1787. 4.—

1085 **Davila** (Sancho), né à Avila en 1523, amiral de l'Armada espagnole 1583, vécut chez les Franciscains. In-fol. B. Vasquez lo grabo. Sup. épr. à t. m. 4.—

1087 **Derfflinger** (G. Baron de), 1663-95. In-4o. *Gr. p. Merian.* 2.—

1088 — In-4o. A mi-genoux. Portrait rare *gr. en Hollande.* 3.—

1089 **Desaix** (Général L. C). 1768-1800. In-4o. Debout, la main appuyée sur son sabre. *Bosio dis. Sasso inc.* Un des plus rares portraits de Desaix. 6.—

1090 — In-8o. *Gr. p. Portman.* 2.—

1091 — In-8o. *Grav. allem* vers 1820. 1.—

1092 — In-fol. Dess. d'après nature *p. Guérin et gr. p. Ficsinger en* 1799. Magnifique épr. de ce beau portr. 5.—

1093 — **La bataille de Marengo.** In-4o. obl. *Peint p. Pajou, gr. p. Ambr. Tardieu.* 2.—

1094 — **La bataille de Marengo.** Gravure populaire. *Paris chez Bonneville.* En coul. 4.—

1095 — **Ansicht der grossen Schlacht bei Marengo.** Autre vue très curieuse de cette bataille. Au premier plan la mort de Desaix, avec les portraits des généraux Berthier, Massena, Hadick, Bellegarde. In-fol. 6.—

1096 — **Passage du Pô** par l'armée française avant la bataille de Marengo, au premier plan Napoléon accompagné de Berthier. Paris chez Basset. 6.—

Voyez aussi no 811.

1098* **Descartes** (René). Les Méditations métaphysiques. Seconde éd. Paris 1661. In-4o. Veau. 2.—

1098 **Desmazures** (l'abbé). Prédicateur et Miss. à Paris, Bordeaux, Rouen, Boulogne, etc. In-4o. *C. de Galard del., Lith. Goulon à Bordeaux.* 1.50

1097 — In-4o. *Langlois à Rouen sc.* 1821. Rare. 3.—

1100 — In-fol. *Delacroix Saurine pinx., Lith. Mothe.* 1.50

1101 — In-fol. Prêchant à Boulogne *Martel. del.* 2.—

DESSINS ORIGINAUX

Drawings.

1102 **Bibbiena.** Architecte de Charles Théodore à Manheim. Magnifique dessin représentant l'intérieur d'un palais. In-fol. obl. A l'encre de chine et à la sépia. 20.—

1103 **Boucher** (attribué à François), Suite de 9 dessins, de forme ronde, représentant des amours et des guirlandes. Charmants dessins à la sépia. 40.—

1104 **Cochard** (A.), Peintre Parisien. Son portrait fait par lui-même. Très-jolie pièce. In-fol. signée et datée 1790. 35.—

1105 **Guardi.** Vue de la Place de Monte Cavallo et d'un des Palais du Pape. Très-belle. aquarelle du siècle dernier. Gr. in-fol. obl. (vers 1750). 20.—

1106 **Isabey.** Portrait d'une jeune femme assise. Joli dessin légèrement aquarelle. Signé au bas à droite, (vers 1820). 15.—

1107 **Numa.** Femme en costume travesti. Jolie aquarelle. In-fol. Signée. 12.—

1108 **Pierre** (J. B. Marie), Célèbre peintre Parisien. Achille poursuit les Troyens dans les fleuves de Scamandre. Magnifique dessin à l'encre de Chine et à la sépia signé au bas à gauche. In-fol. obl. Les dessins de Pierre sont très-rares. 30.—

1109 **Tempesta** (Ant.), Peintre florentin. Sup. dédicace richement ornementée. Roma 1615. 12.—

1110 **Tulden** (Van), le maitre de Rubens. Junon et Achilles. Joli d. au cray. In-fol. 10.—

1111 **Digeon** (Lieut. gén. de). Aide de camp de Louis XVIII. In-4o. Buste dir. à dr. C. L. O. fec. 1818. Lithogr. rare. 3.—

1112 **Dietrichstein** (Susanne Elisabeth Comtesse de). épouse de Comte d'Haugwitz. 1641-1705. In-fol. Bernigeroth fec. Rare. 5.—
Voyez aussi no 660.

1113 **Discovrs** nouueau faict par Maistre Guillaume à son retour de l'autre monde contenant plusieurs dons testamentaires faicts par luy et à sa fidelle Mathurine. Paris 1609. 8 p. pet. in-8o. Curieuse gravure s. bois sur le titre représ. l'atelier d'un serrurier, dérel. 5.—

1117* **Dohna.** Commentaire historique de la vie et de la mort de Messire Christofle Vicomte de Dohna. Genève chez Jacques Chouët 1639. In-4o. Veau. Ouvrage excessivement rare, dédié à Madame de Dohna, Comtesse de Solms, orné d'un beau titre gravé et du portrait de Chr. de Dohna. Un des plats de la reliure est détaché. 18.—

1133* **Doria.** La Congivra del conte Gio. Lvigi de Fieschi descritta da Agostino Mascardi. Bologna 1639. In-4o vél. Relation de la conjuration de Fiesco contre la République de Gênes commandée par André Doria. Très rare. 10.—

1134 **Doria** (André), Amiral gênois. In-4o. *Gravé par Sysang* à Leipzig. Rare. 4.—

1135 — In-4o. *Curieuse gravure sur bois,* représentant Doria, en costume de marin, la rame à la main. 2.—

1136 **Doria** (Charles), Duc de Torsi. In-4o. Buste dir. à droite. S. *n. d. g.* 3.—

1137 **Doria** (Georges Cardinal). In-8o. *S. n. d. g.* Buste dir. à g. 2.—

1138 — In-fol. *Campiglia del., B. Galugiani sc.* 1743. Epreuve jaunie. 3.—

1139 **Doria** (Pazzo e giardino del Principe). Belle estampe in-fol. obl. du 17e siècle *gravée p. C. F. Krieger.* Rare. 5.—
Voyez aussi catalogue II, nos 726, 767.

1140* **Dossier** (Jean). Les Harangues faictes au Roy, à la Reyne et à Monsieur, par M. le Rectevr de l'Vniversité de Paris. Paris, 1618. 14 p. pet. in-8o. dérel. 2.—

1141* **Dreux-Brézé** (Eloge de Scipion de) prononcé en 1846 par le Duc de Noailles. Paris, 1846. In-8o. br. n. r. 2.—

Drevet, graveurs lyonnais. Voyez une partie de leurs œuvres catalogue II p. 32.

1142 **Du Bellay** (Fr. René, Marquis). In-fol. Bouis pinx. Beau portr. gr. en manière noire. 10.—

1143 **Du Bellay** (Joachim), né en 1525 à Liré (Maine-et-Loire), Poëte. In-8o. Gr. p. Gaucher. 2.—

1144 **Du Bellay** (Guill.), Seigneur de Langey. Vice-roy du Piémont. 1491-1543. In-4o. gr. p. Thevet. 1.—

1145* **Du Breton.** (Lettre de consolation à M.) sur la perte qu'il a faite de son fils aîné en la guerre d'Italie. Pièce rare de 48 p. pet. in-8o. Paris, 1636, dérel. 4.—

1146 **Du Chastelet** (Gabrielle Emilie Le Tonnelier de Breteuil Mise), Parisienne 1706-49. Pet. in-fol. *Monnet del., Lempereur sc.* Superbe épr. de ce charm. portr. 4.—

1147* **Duel.** L'Académiste françois qvi propose des moyens povr bannir les Duels et pour déraciner les vices qvi sont aujourd'huy si frequens parmy la Noblesse de cet Estat. Paris 1625. 30 f. pet. in-8o dérel. 4.—
Voyez aussi no 843.

Du Faur (Maison noble). Voyez no 1182.

1148 **Du Four** (Phil.), Trésorier général de France. J. Hainzemann ad. viv. del. et sc. 1682. Portrait rare avec les armes. D'argent au chevron de gueules acc. de 3 roses. 10.—

1149 **Du Plessis.** Plan de la ville du Marburg commandée par M. Du Plessis et prise par les Alliés en 1759. In-fol. obl. 3.—

1150 **Durazzo** (l'abbé Girolame), Miss. et Prédicateur. In-4o. *Felix del. et sc.* 2.—

1151 **Durazzo** (Cte Jac.). Ambassadeur Impérial à Venise en 1765. Gr. in-fol. Beau portr *gr. p. Wagner*. 6.—

Dustou St.-Michel (Maison noble de). Voyez catalogue II, n° 460.

1152 **Du Tertre** (Marquise), Epithalame de très-illustre François de Bourbon, Prince de Conti et de très-excellente Princesse Loyse de Lorraine, damoiselle de Guise. S. l. 1605. 6 p. pet. in-8o. dérel. 6.—

1153 **Du Tertre** (Nicolas). Secrétaire du Roi. In-8o. Peint p. Christofle, gr. p. Noble Huol 1712. Au bas les armes. Portrait fort rare et nulle part mentionné. 10.—

1154* **Du Vair.** Discovrs sovs le nom de M. dv Vair rendant les Sceaux av Roy. 7 p. pet. in-8o. dérel. Rare 3.—

Duval d'Eprémesnil (Maison noble de). Voyez catalogue II, n° 462.

1155* **Duvalk-Dampierre** (Ch. A. H.), Evêque de Clermont. Réunion de 18 Mandements et ordonnances, impr. à Clermont en 1802 à 5, relatifs à la Conspiration de Cadoudal etc. Ens. 18 pièces. In-4o. dérel. 5.—

1156 **Duveyrier** (H. M. Nic.), Dép. à l'Ass. Nat. en 1789. In-8o. *Dess. p. Sicardi, gr. p. Gaucher*. Superbe épr. très-rare, inconnu à Soliman Lieutaud. 10.—

1158 **Ecoles chrétiennes (Frères des). La Salle** (J. Bapt. de), Chan. de N. D. de Reims, Fondateur des Ecoles de Reims. Paris, Rouen, etc., mort à Rouen en 1719. In-8o. *Gr. p. Belg* 1808; in-8o, assis et écrivant. *S. n. d. g.* Chaque portr. à 2.—

1159 In-8o. Buste dir. à dr. Charmant petit portr. *S. n. d. g.* Rare. 3.—

ECOLE FRANÇAISE

du 18e siècle.

1160 **„Le Marchand de Cornes“.** Gr. in-fol. *Le Nain pinx., Gr. p. Fr. Hubert.* Au bas dans un médail. la scène des « Petits pieds » 10.—

1161 **Jeune femme au lever du lit, contemple un chapeau.** Très-jolie pièce en couleurs. Avant toutes lettres. 30.—

1162 **„Les petits voleurs“.** *Peint par Charpentier, gr. par Me Le Fort.* Gr. in-fol. Magnifique épreuve. 15.—

1163 **„La Marchande de fleurs“.** Pendant au numéro précédent. Superbe et très-rare épr. à l'état d'eau-forte pure, avant toutes lettres. 20.—

1164 **„Marcella“.** Charmante petite pièce ovale (obl.). *Paris chez les Fatou.* En coul. 10.—

1165 **Cars** (Laurent), Amphitrion, (tiré de Molière). *Inv. et dess. p. Boucher.* 4.—

1166 **„Le Hanneton“.** *Jac. Courtin pinx., M. Aubert sc.*, Toutes marges. 10.—

1167 **„Le double engagement“.** Très-jolie pièce de mœurs. Jeune homme s'engageant dans un régiment, caressé par deux jeunes femmes. Sup. épr. à toutes marg. 15.—

1168 **Madame Bouvillon pour tenter** le Destin le prie de luy chercher une puce ». Roman comique. Gr. in-fol. obl. *Pater pinx., gr. p. L. Surugue en* 1733. Sup. épr. 10.—

1169 **„Le Rendez-Vous“.** *Baudouin pinx., L. Bonnet sc.* 1771. Superbe épreuve. En couleurs. 50.—

1170* **Effiat.** Le Rencontre de M. le Maréchal d'Effiat et de M. de Marillac aux Champs Elisées. S. l. 1632. 15 p. pet. in-8o. dérel. Pièce rare en forme de dialogue. 3.—

1171 **„Effigies, nomina et cognomina** S. D. N. D. Innocentii Papæ X et R. R. D. D. J. R. E. Cardinalivm nvnc viventivm ». Pièce fort rare, royal folio obl. (82/53 ctm.) représentant le portrait d'Innocent X et des 67 cardinaux (et leurs armes) qui ont été nommés sous son règne, parmi lesquels les cardinaux Barberin, Harrach, Alphonse de Richelieu, Jean de Lugo S. d., Grimaldi, Colonna, Mazarin, Pamphili, légat à Avignon, Achille d'Estampes, év. de Valence. Romæ ex typ. apost. 1645. Tous les portraits sont imprimés (et non coloriés) en rouge et en rouge. Pièce aussi curieuse que rare. 25.—

1172 **Einsiedel** (Christiana Sibylla von Hopfgarten, né von). In-fol. *D. Hoyer pinx., Bernigeroth sc.* 4.—

Emblêmes. Voyez catalogue II, n° 736 et 937.

1173 **Enghien** (Louis Ant. Henri de Bourbon d'), fusillé à Vincennes en 1804. In-8o. Debout, l'épée à la main. Bosio dis. Biasioli inc. Rare. 5.—

1174 **Le Duc d'Enghien,** debout près d'un mur du donjon de Vincennes, écoutant sa condamnation à mort. In-fol. *J. P. Laurens p., P. Treyssonnières sc.* Sup. épr. de cette belle composition. Epreuve d'artiste avant la lettre et avec envoi autographe du graveur. 12.—

1175 **Entraigues** (Henriette de Balzac d'), Marquise de Verneuil. 1579-1633. In-4o. Aubert sc. Sup. épr. avec l'adresse. 3.—

1176* **Epernon.** La Protestation faicte par M. d'Epernon envers son demon. S l. 1616. — Remontrance envoyée à M. le Duc

d'Epernon sur la publication de la paix faicte à Paris 1616. Extraict des registres de la covr touchant ce qui s'est passé en l'affaire de M. d'Espernon. Ensemble 3 pièces, rares, pet. in-8o., dérel. et cart. (189) 6.—
Voyez aussi catalogue II, n° 880, 1000.

1177 **Espinay** (le colonel d'). In-8o. En rond. Portrait rare gr. au physionotrace vers 1811. 5.—

Estaing (Maison noble d'). Voyez catalogue II, n° 464.

Estampes (Maison noble d'). Voyez n° 1171 et 1183.

Este (Maison noble d'). Voyez catalogue II, n° 850.

1178 **Esterhazy** (Marianne Princesse d'). In-fol. A mi-genoux dirigée vers la gauche. Charmant portrait de femme gravé par Pfeiffer. Magnifique épreuve avant toutes lettres et à toutes marges. Très rare en cette qualité. 25.—

1179 **Estrées** (Gabrielle d'). In-4o. Gr. p. Ficquet. Beau. 3.—

1180 **Estrées** (Louis César d'). Maréchal de France, mort en 1771. In-fol. Vanloo pinx., De Lorraine sc. 3.—

1181 **Estrées.** Vue de la bataille de Rocoux, gagnée par l'armée du Roy commandée par le Maréchal de Saxe, le 11 octobre 1746. Gr. in-fol. obl. Dess. p. Brouard, gravé par Guélard. Les renvois au bas citent les noms d'Estrées, Clermont, Cheila, etc. 5.—
Voyez aussi n° 122 et catal. II n° 465.

1182* **Etat militaire** (Annuaire de l') de France pour l'année 1829. Paris 1829. In-8o. cart. 2.—

1183* **Etats militaires du 16e siècle.** Département de la Gendarmerie et des lieux où elles sont ordonnées pour tenir garnison. Publié à Lyon le premier iour de Juin 1563. A Lyon, par Benoist Rigaud 1563, 8 ff pet. in-8o. Jolie bordure de titre. — Ordonnance dv Roy svr le département des Compaignies de la Gendarmerie. Ensemble des lieux où elles tiendront garnison, durant les quartiers d'Auril, Juillet et Octobre de la présente année 1564. Lyon 1564. Portrait équestre de Charles IX sur le titre. 7 ff. pet. In-8o. Ensemble 2 vol. pet. in-8o. cart. Sup. exempl. de la plus grande rareté. On y trouve les noms de Brissac, Mailly, Montmorency, Brienne, Aumale, Brion, Estampes, Clermont, Vauguyon, etc. 30.—

1184* — Estats des Places et deniers ordonnez par sa Maiesté à Nantes les 12, 14, 17 et 18 may 1598 pour seurté et d'ostage à ceux de la Religion. Monpellier par Jean Gillet, 1600 dix-sept. Pet. in-8o, dérel. 24 pp. Plaquette de toute rareté; c'est une espèce d'Etat militaire du 16e siècle, donnant les noms des gouverneurs des places fortes, le nombre des soldats y tenant garnison et la solde payée à chaque gouverneur. On remarque les noms de Chouppes, Parabère, du Plessis, du Faur, Beaumont, Frontailles, etc. 25.—

1185 **Etrées** (Ange comte d'Oignyes et d'), Ev. de Rœrmonde. In-fol. *Vogel sc.* Manière noire, rare, s. m. 2.—

EVENTAILS (Modèles d')

Model of fans.

1186 **Jolie aquarelle** finement exécutée, représ. une petite société du 18e siècle. 15.—

1187 **Eventail de l'époque de la Restauration** gravé vers 1816. Ornements et enfants. 5.—

1188 **Eventail** curieux de la même époque, représ. des costumes de mode, étoffes et meubles. 5.—

1189 **Autre éventail** de la même époque, repr. une société dans un jardin. 3.—

1190 **L'Eventail** avec le portrait de Napoléon, premier consul et vainqueur en Egypte. Magnifique pièce dessinée par Chaudet, Fontaine et Percier, gr. p. Godefroy. Très rare. 50.—

1191 **Les deux éventails de Chodowiecki**, l'un avec le portrait de Frédéric II et l'autre avec le portrait de Frédéric-Guillaume. Superbes épreuves à toutes marges, de la plus grande rareté et manquant dans presque t. les collect. Ensemble 55.—

1192 **Eventail rocaille,** gr. p. Leopold d'après Haid, représentant, entre deux jeunes filles, un vieux couronné d'un chapeau à cornes. 4.—

www.ingramcontent.com/pod-product-compliance
Lightning Source LLC
LaVergne TN
LVHW050459160826
845677LV00003B/843